출발, 공룡 멸종의 비밀을 찾아서!

떴다! 지식 탐험대 - 공룡
출발, 공룡 멸종의 비밀을 찾아서!

초판 제1쇄 발행일 2011년 9월 20일
개정판 제1쇄 발행일 2020년 10월 25일
글 김경선 그림 김영수 감수 임종덕
발행인 박헌용, 윤호권 발행처 (주)시공사 주소 서울시 서초구 사임당로 82
전화 문의 02-2046-2800 홈페이지 www.sigongsa.com / www.sigongjunior.com

ⓒ 빗살무늬·김영수, 2011

이 책의 출판권은 (주)시공사에 있습니다.
저작권법에 의해 한국 내에서 보호받는 저작물이므로, 무단 전재와 무단 복제를 금합니다.

ISBN 979-11-6579-011-0 74490
ISBN 979-11-6579-001-1 (세트)

홈페이지 회원으로 가입하시면 다양한 혜택이 주어집니다.
잘못 만들어진 책은 구입하신 곳에서 바꾸어 드립니다.

KC마크는 이 제품이 공통안전기준에 적합하였음을 의미합니다.
제조국 : 대한민국   사용 연령 : 8세 이상
주의 사항 : 책장에 손이 베이지 않게, 모서리에 다치지 않게 주의하세요.

떴다! 지식 탐험대

공룡

출발, 공룡 멸종의 비밀을 찾아서!

글 김경선 / 그림 김영수 / 감수 임종덕

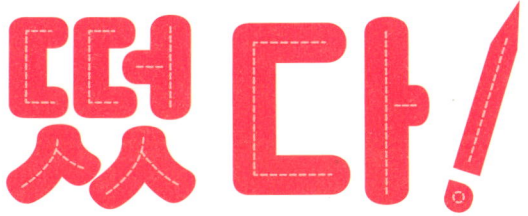

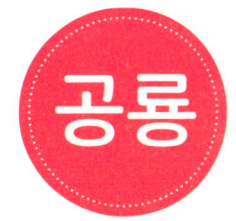

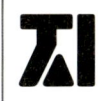

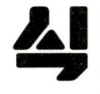

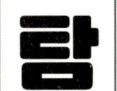

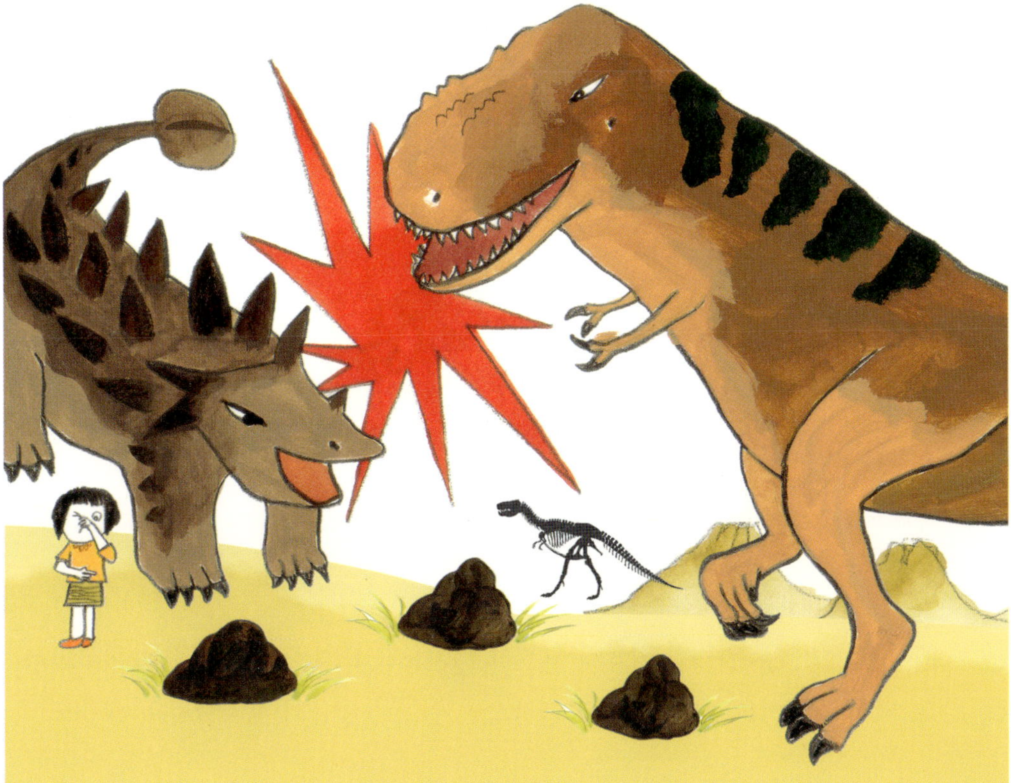

시공주니어

작가의 말

　제가 공룡에게 관심을 가지기 시작한 것은 아주 늦은 나이였어요. 여러분은 똑똑해서 어렸을 때부터 공룡에 대해 아는 것이 많은데 전 그렇지 못했어요. 잘 모르니 관심도 별로 없었지요. 그러다가 우연히 도서관에서 공룡이 실감 나게 그려진 책을 봤어요. '이렇게 놀라운 동물이 정말로 내가 사는 이 땅에 살았을까?'라는 생각이 들면서 막 궁금해졌어요. 그렇게 공룡에 점점 빠져들게 되었지요.

　그러던 어느 날, 혼자 마루에 누워 있는데 창밖으로 보이는 나뭇가지가 흔들리는 거예요. 어쩌면 공룡이 밖에서 나뭇잎을 뜯어 먹고 있을지도 모른다는 생각이 들었어요. 아니, 정말로 그랬으면 얼마나 좋을까 생각했지요. 그래도 혹시 모르는 일이라서 저는 벌떡 일어나 고개를 빼고 창밖을 확인했어요. 그리고 곧 실망했지요. 공룡은 오래전에 멸종되었으니, 내 눈앞에서 나뭇가지를 뜯는 일은 일어날 수 없잖아요.

그렇게 공룡을 그리워하며 시간이 흘렀어요. 어느 날, 어느새 어엿한 어린이로 자란 아들 녀석이 물었어요.

"엄마, 공룡은 어떻게 멸종했을까?"

"글쎄. 중생대에는 아주 많았다는데 왜 모두 멸종했을까?"

안타까운 마음에, 저는 책으로라도 공룡을 만나야겠다고 생각했어요. 제가 공룡에 대한 책을 쓴다고 하니 아들 녀석은 자기가 좋아하는 공룡에 대해 꼼꼼하게 정리를 해서 가져다주었어요. 자기가 좋아하는 공룡을 책에서라도 만나게 해 달라는 뜻이었겠지요?

그때부터 전 작고 하찮게 보이는 돌에 어마어마한 힘을 불어넣었어요. 평범해 보이는 돌이지만 이것만 있으면 공룡 시대로 시간 여행을 떠날 수 있는 거예요. 그래서 우연히 특별한 흰 돌을 발견한 용가희라는 소녀와 거대한 공룡 브라키오사우루스가 놀라운 만남을 갖게 되지요.

제가 쓴 공룡 이야기는 이렇게 시작돼요. 용가희와 브라키오사우루스가 공룡 시대에서 어떤 일을 겪게 될지 궁금하지 않나요? 지금부터 저와 함께 공룡을 만나러 가요. 공룡에 대해 작은 호기심이라도 있다면 즐거운 여행이 될 거예요. 그리고 여행이 끝나고 난 뒤에는 창밖을 한번 살펴보세요. 여러분 앞에도 공룡이 나타나 있을지 모르니까요!

김경선

작가의 말 … 4
등장인물 … 8

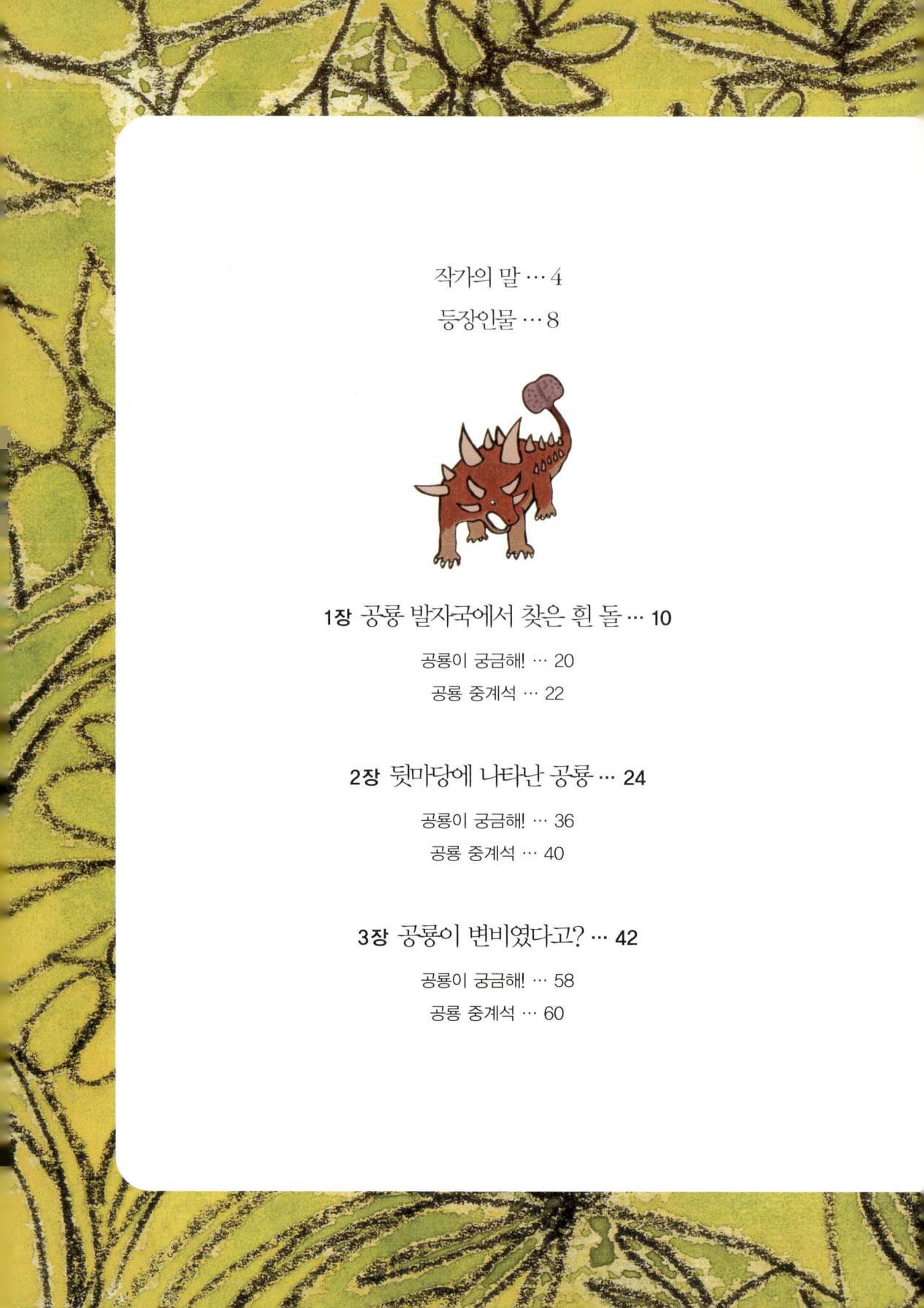

1장 공룡 발자국에서 찾은 흰 돌 … 10
  공룡이 궁금해! … 20
  공룡 중계석 … 22

2장 뒷마당에 나타난 공룡 … 24
  공룡이 궁금해! … 36
  공룡 중계석 … 40

3장 공룡이 변비였다고? … 42
  공룡이 궁금해! … 58
  공룡 중계석 … 60

4장 심심할 틈 없는 공룡 세계 ··· 62
공룡이 궁금해! ··· 76
공룡 중계석 ··· 78

5장 공룡, 너를 보여 줘! ··· 80
공룡이 궁금해! ··· 96
공룡 중계석 ··· 98

6장 신통해, 공룡 시대로 가다! ··· 100
공룡이 궁금해! ··· 114
공룡 중계석 ··· 116

7장 지구에 일어난 거대한 충돌 ··· 118
공룡이 궁금해! ··· 128
공룡 중계석 ··· 130

8장 브라키오의 소중한 충고 ··· 132
공룡이 궁금해! ··· 140
공룡 중계석 ··· 142

용가희

이름 때문에 '용가리'라고 친구들에게 종종 놀림을 받지만, 쉽게 화를 내지도 못하는 소심한 여자아이. 자연사 박물관에 갔다가 우연히 신비로운 흰 돌을 줍게 되고, 같은 돌을 가진 공룡 브라키오사우루스를 만난다. 브라키오사우루스와 친구가 된 용가희는 흰 돌의 신비한 능력을 이용해 현재와 공룡 시대를 오가며, 공룡 멸종의 비밀을 밝히려 애쓴다.

신통해

공룡에 대해서라면 모르는 것이 없는 신통한 남자아이. 하지만 '아는 척, 잘난 척, 있는 척'을 하도 해서 친구들에게 '삼척동자'라고 놀림받는다. 갑자기 공룡에 대해 관심을 가진 용가희를 의심하며, 공룡 멸종에 대해 엉뚱한 정보를 주기도 한다.

브라키오사우루스

높다란 키에 무지막지하게 큰 덩치를 자랑하지만, 순하고 애교 넘치는 공룡. 다정하게 '브라키오'라고 불리는 걸 좋아하고, 사교적인 성격이라 공룡 친구들이 많다. 우연히 삼킨 신비한 흰 돌을 이용해 자유롭게 시간 여행을 할 수 있으며, 시간 여행을 하다가 공룡의 멸종 사실을 알게 된다. 공룡이 멸종한 이유를 알아내기 위해 과학이 가장 발달했다는 21세기에 와서 용가희를 만난다.

1장 공룡 발자국에서 찾은 흰 돌

'준비물: 간식, 물, 필기도구'

나는 칠판에 쓰인 알림장 내용을 받아 적고 기분 좋게 가방을 챙겼다. 내일은 4학년이 자연사 박물관으로 체험 학습을 가는 날. 다른 학년이 체험 학습을 떠나는 날이면 늘 부러웠는데 드디어 우리 4학년도 떠난다. 비록 가까운 자연사 박물관이지만 그게 어딘가? 공부를 안 하는데!

우리 반 삼척동자 신통해가 고개를 쳐들고 말했다.

"너희들, 내일은 내 뒤만 졸졸 따라다녀. 내가 다 가르쳐 줄게."

"됐거든!"

아이들은 하나같이 신통해를 향해 손사래를 쳤다.

신통해는 공룡 박사로 통한다. 우리 학교 4학년 아이들 가운데 신통해만큼 공룡을 잘 아는 아이는 없을 것이다.

신통해는 우리가 듣든지 말든지 계속 말을 이었다.

"지금까지 공룡 연구는 주로 유럽이나 미국에서 이루어졌어. 하지만 공룡은 아시아에도 살았어. 바로 우리나라에도 산 거지. 난 앞으로 아시아에 살았던 공룡에 대해 연구할 거야."

공룡에 대해 연구해 보겠다는 건 이름처럼 참 신통한 일이다. 하지만 거기까지. 아는 척, 잘난 척, 있는 척을 하도 해서 아이들은 신통해를 신통해하기보다 밥맛없어 한다. 그래서 별명도 '삼척동자'다. 아는 척, 잘난 척, 있는 척. 이렇게 늘 세 가지 척을 하기 때문이다.

"자, 한 사람씩 천천히 들어가자."
드디어 자연사 박물관에 도착했다. 박물관에 들어가려면 지하철 입구에서처럼 둥근 막대를 밀어야 했다.
"우아, 엄청 크다!"
"저 꼭대기에 매달린 것 좀 봐."
전시장에는 무지하게 큰 공룡 뼈대부터 다양한 생물들의 화석이 전시되어 있었다. 특히 공룡 뼈대는 골격만으로도 위협적인 모습이었다.
우리 반 개구쟁이 동하가 나를 툭 치며 말했다.
"야, 용가리. 고향에 온 거 같지 않니?"
그 소리에 아이들의 시선이 모두 나를 향했다. 그리고 공룡 울음소리 못지않은 아이들의 큰 웃음소리가 동시에 들려왔다.
"하하, 그러고 보니 용가희 너도 여기 서 있어야 하는 거 아니냐?"
"용가리면 공룡 사촌은 되겠다. 히히."
아이들은 제멋대로 한마디씩 지껄였다.
'유치하게 이름 가지고 놀리기냐? 그러면 이택서는 택시고, 신준수는 신호 준수, 오지나는 오징어냐?'
난 이렇게 소리치고 싶었지만 그저 얼굴만 붉힐 뿐이었다. 금방 타오르기라도 할 듯이 아주 빨갛게. 아이들은 그런 내 모습을 보고 더 재미있다는 듯이 깔깔 웃어 젖혔다.

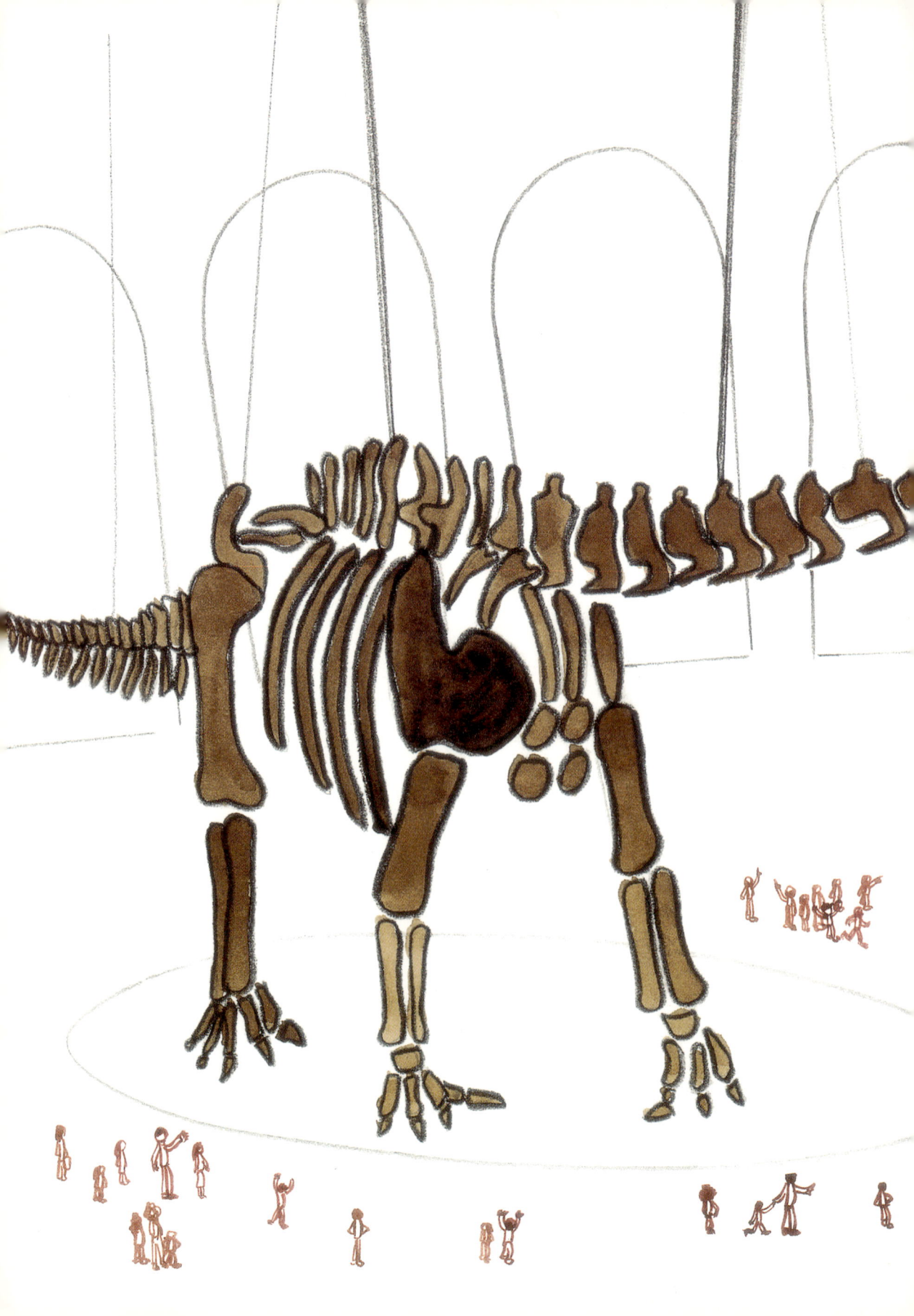

내 이름은 '용가희'다. 우리 할아버지는 예쁜 손녀딸이 태어났다며 고운 이름을 고르고 골랐다고 한다. 그래서 지은 이름이 '가희'. 이름은 내가 생각해도 참 예쁘다. 하지만 성까지 붙이고 나니 가희란 이름은 아주 우스워지고 말았다. 바로 '용가리'가 된 것이다. 용가리는 우리 엄마 아빠가 어렸을 때 나왔던 영화의 제목이라고 한다. 영화 속 괴물의 이름이 바로 용가리라나 뭐라나. 학기 초에 누군가가 이 이야기를 반에 퍼트린 그날부터 내 별명은 '용가리'가 되었다. 부끄럼을 많이 타는 나와는 이름이 안 맞아도 너무 안 맞는다.

"자, 모두 3층으로 올라가자."

다행히 선생님이 아이들의 웃음을 끊어 주었다. 난 아이들의 눈에 띄지 않게 조금 뒤처져서 걸었다. 더 이상 웃음거리가 되지 않으려면 그 방법이 최선인 것 같았다. 하지만 붉어진 얼굴은 좀체 가라앉지 않았다.

3층은 지구의 탄생 이야기부터 소개하고 있었다. 우리는 먼저 3D 안경을 쓰고 지구 탄생 과정을 담은 영화를 보았다. 우주에 떠다니는 운석이 내게로 떨어지는 듯 아찔한 느낌이 들었다. 하지만 그것도 잠시, 영화가 너무 짧아서 금방 끝나 버렸다.

멀리서 신통해가 잘난 척하며 떠드는 소리가 들렸다.

"지구는 46억 년 전에 만들어졌어. 지구는 처음에는 너무 뜨거워서 말랑말랑한 상태였지. 그러다가 하늘에서 비가 내리면서 땅이 식고 굳었어. 비는 몇 달 동안 내렸는데 이때 바다도 만들어졌어."

방금 본 영화에 대해 보충 설명이라도 해 주려나 보다. 아이들은 잘난 척하는 신통해를 맘에 들어 하지 않았지만 이리저리 오가며 한마디씩 듣는 듯했다. 나도 굳이 들으려고 하지는 않았지만 신통해의 설명이 싫지는 않았다. 지구가 처음에는 말랑말랑했다니 참 신기한 일이다.

다음에는 공룡 전시실로 갔다. 커다란 공룡 머리뼈부터 우뚝 서 있는 공룡까지 다양한 모습을 한 공룡 모형들이 있었다.

삼척동자 신통해가 또 아는 척을 하며 설명을 해 댔다.

"공룡이 살았던 시대를 중생대라고 해. 중생대는 다시 트라이아스기, 쥐라기, 백악기로 나뉘지. 공룡이 지구에 산 기간은 장장 1억 6000만 년이나 돼. 약 6550만 년 전에 지구에서 자취를 감추었으니까 지구의 주인공이 바뀐 지는 얼마 되지 않았다고 할 수 있어."

어쨌든 지구에 이렇게 엄청난 동물들이 살고 있었다니 정말 신기한 일이다. 전시실에는 공룡알 화석도 있었다.

한 아이가 공룡알 화석을 보며 말했다.

"이 속에 공룡 새끼가 들어 있는 건가?"

"아주 먼 옛날에는 있었겠지만 지금은 아니야. 화석은 말 그대로 돌덩어리지. 돌에 생물의 흔적이 남았다는 게 다른 돌과는 다른 점이야. 생물 위에 퇴적물이 쌓이면 내장처럼 몸의 연한 부분은 썩어서 없어지고, 보통 뼈나 껍데기같이 단단하고 잘 썩지 않는 것이 화석이 되지."

언제 나타났는지 신통해가 화석에 대해 설명을 하고 있었다. 혼자서 잘도 떠든다. 커다란 공룡이 저렇게 작은 알에서 나왔다니 참 신기한 일이다. 공룡은 알에서 나온 뒤 정말 잡초 자라듯 쑥쑥 자랐나 보다.

다음으로 눈에 띈 것은 내 몸집보다 훨씬 큰 공룡 트리케라톱스의 머리뼈였다. 큰 뿔이 인상적이어서 그 앞에서 한참 구경을 했다.

"왜, 헤어진 가족이라도 만났니?"

조금 전에 나를 놀렸던 동하가 어느새 내 옆에 와 있었다. 재미있어 죽겠다는 얼굴로 나를 보며 웃고 있었다.

'트리케라톱스 뿔로 확 받아 버렸으면…….'

하지만 난 그 비슷한 어떤 행동도 하지 못했다. 다시 귀까지 빨개진 채 전시실을 뛰어 나왔으니까. 뒤통수에 아이들의 웃음소리가 따라오는 것 같았지만 뒤도 한번 돌아보지 못하고 뛰기만 했다.

전시실 밖에는 옥상으로 나가는 문이 있었다. 난 열도 식힐 겸 문을 밀고 나갔다. 옥상은 공룡 공원이었다. 공룡 공원에는 공룡알 모형부터 시작해서 여러 가지 공룡 모형이

전시되어 있었다. 그중 가장 끌리는 것은 브라키오사우루스 모형이었다. 난 브라키오사우루스를 물끄러미 올려다보았다. 우리 아빠보다도 키가 훨씬 컸지만 왠지 하나도 무섭지 않았다. 동그란 눈은 나를 가만히 보고 있는 것 같았고, 입도 슬며시 웃어 주는 것 같았다. 그리고 브라키오사우루스의 긴 목은 철봉도 미끄럼틀도 롤러코스터도 되어 줄 것만 같았다.

 나는 용기를 내서 브라키오사우루스를 향해 펄쩍 뛰어올랐다. 목에 대롱대롱 매달리고 싶었지만 브라키오사우루스는 생각보다 훨씬 높이 있었다. 하지만 그렇게 딴생각을 하는 동안 얼굴에 있던 붉은 기운은 어느새 사라지고, 내 별명처럼 공룡과 가까워지고 싶어졌다.

 '이렇게 큰 공룡들이 지구에서 1억 6000만 년이나 살았다고? 그런데 지금은 한 마리도 남아 있지 않은 거야? 정말 말도 안 되는 일이군.'

공룡에 대한 궁금증이 아이들의 웃음소리처럼 꼬리를 물고 이어졌다. 그때 눈에 띄는 것이 있었다. 바로 공룡의 발자국 화석이었다.

난 공룡 발자국이라도 더 자세히 보고 싶었다. 그때 발자국 한구석에서 무언가가 반짝였다. 난 조심스럽게 그것을 집었다. 작고 매끈하며 하얀 돌. 바둑알처럼 매끈했지만 바둑알과는 달리 반짝반짝 빛이 나고 있었다.

'이 돌은 뭘까? 언제부터 여기 있었던 거지? 누가 떨어뜨린 걸까?'

난 흰 돌을 요리조리 살펴보았다. 그때 반 친구의 목소리가 들렸다.

"가희야, 여기 있었어? 빨리 와. 선생님이 모이래."

"어, 그래. 알았어."

그냥 나뒹구는 돌이었을지도 모르지만 왠지 소중하게 간직하고 싶었다. 나는 돌을 주머니에 넣은 채 친구들이 있는 곳으로 얼른 달려갔다.

공룡이 궁금해!

우리는 옛날 옛적에 살았던 공룡을 어떻게 알고 있는 걸까? 공룡을 인간에게 알려 준 것은 바로 화석이었어. 오래전에 살았던 생물의 몸이나 생물이 남긴 발자국 같은 흔적이 지층에 남은 것을 화석이라고 해.

화석은 어떻게 만들어질까?

동물이나 식물이 땅에 묻히고, 그 위로 퇴적물이 쌓이고 쌓이면 단단한 지층이 만들어져. 지층이 만들어지는 오랜 시간 동안 땅에 묻힌 동물과 식물도 단단하게 굳으며 광물화가 되지. 그래서 퇴적물이 쌓여도 모양을 유지할 수 있어. 보통은 쉽게 썩지 않는 단단한 뼈나 껍데기들이 화석이 돼. 동물의 내장이나 살은 쉽게 썩기 때문에 화석으로 만들어지기 어렵지.

죽은 생물이 호수나 바다의 바닥으로 운반된다.

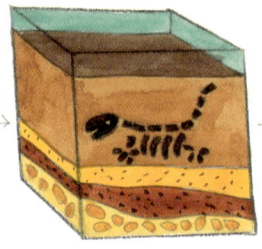
그 위에 퇴적물이 쌓인다.

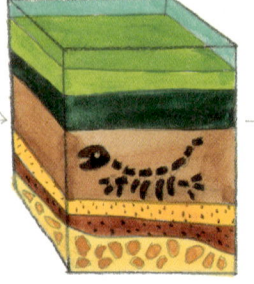
퇴적물이 계속 쌓이고, 생물의 연한 부분은 점점 썩는다.

지층이 깎이고, 생물의 단단한 부분은 화석으로 남아 드러난다.

화석은 땅속 깊이 있는 경우가 많아서 발견되기 쉽지 않아. 지각 운동에 의해 땅속에 있던 지층이 위로 솟아오르거나, 바람이나 물에 지층이 깎여서 땅속이 드러나는 경우에 발견되곤 하지.

화석이 풀어 준 궁금증

화석을 보면 화석이 나온 지층의 주변 환경을 알 수 있고, 지층이 만들어진 시기도 알 수가 있어.

먼저 화석이 발견된 지층이 만들어졌을 때의 자연환경을 잘 보여 주는 화석을 '시상화석'이라고 해. 예를 들어, 어떤 곳에서 조개 화석이 발견되면 그 주변은 바다나 갯벌이었다는 걸 알 수 있어. 또한 어떤 곳에서 산호 화석이 발견되면 그곳은 얕고 따뜻한 바다였다는 걸 알 수 있지. 산호는 얕고 따뜻한 바다에서 살거든.

화석이 묻혀 있던 지층이 어느 시대의 것인지 알려 주는 화석은 '표준 화석'이라고 해. 예를 들어, 삼엽충 화석이 발견된 지층은 어느 시대에 만들어진 걸까? 바로 고생대야. 삼엽충은 고생대에 살았으니까.

공룡 화석을 찾아라!

이구아노돈의 이빨

공룡 화석을 처음 발견한 것은 1822년이었어. 그 전에도 공룡 화석이 발견되었을 수 있지만, 공룡의 존재를 생각하지 못했겠지.

평소 화석에 관심이 많았던 의사 맨텔은 왕진을 가던 길에 돌무더기에서 크고 이상하게 생긴 화석을 발견했어. 그 화석은 바로 공룡 이구아노돈의 이빨이었지.

공룡 화석 발굴은 먼저 지층에 대한 연구부터 시작돼. 공룡 화석을 연구하는 고생물학자들은 우선 화석이 나올 만한 지층인지 충분히 살피고 나서 땅을 파 보지. 만약 화석이 나오면 보물처럼 소중히 다룬단다. 오랫동안 땅속에 묻혀 있어서 쉽게 금이 가고 부서질 수 있거든. 그래서 연구실이나 박물관으로 옮기려면 뼈가 부러졌을 때처럼 화석에 깁스를 해. 이것을 '필드재킷'이라고 부르지.

필드재킷을 벗긴 뒤엔 뼈를 하나하나 맞춰 가며 공룡의 모습을 완성해. 이렇게 완성된 화석을 통해 공룡의 근육을 예측하여 운동 모습까지 알아낼 수 있어.

공룡 중계석

어린이 여러분, 안녕하세요? 공룡 전문 리포터 용가희입니다. 미국에 사는 타일러 리슨이 여섯 살 때 공룡 화석을 처음 발견한 뒤, 청년이 되어 또 한 번 공룡 화석을 발견하여 화제가 되고 있습니다. 이번에 발견한 화석에는 공룡 골격뿐만 아니라 울퉁불퉁한 비늘로 덮인 공룡의 피부도 있었다고 합니다. 바로 오리 주둥이 공룡의 미라를 발견한 것이지요.

우리는 발견된 화석을 통해 오리 주둥이 공룡의 꼬리가 알려진 것보다 더 길었다는 걸 알게 되었습니다. 뼈를 뒤덮은 살과 피부가 더 길게 뻗어 있었기 때문이지요. 또 움직이는 관절 부분에는 비늘의 크기가 더 작아 편하게 움직일 수 있었다는 것도 밝혀졌습니다. 그렇다면 이 공룡은 어떻게 썩지 않고 화석으로 남게 된 것일까요? 믿거나 말거나 공룡 세계로 가서 알아보겠습니다.

공룡은 죽어서 화석을 남긴다

양치식물로 뒤덮인 숲은 풀을 먹고 사는 초식 공룡들에게 낙원과 같은 곳입니다. 초식 공룡은 식물의 잎과 줄기를 뜯어 먹고, 강가에서 목을 축이며 살았지요. 하지만 늘 이렇게 평화로운 것은 아니었습니다. 자신을 호시탐탐 노리는 육식 공룡 때문에 먹이를 먹으면서도 경계를 늦추지 않았지요. 그래서 초식 공룡들은 무리 지어 다니는 경우가 많았습니다. 오리 주둥이 공룡들도 무리를 지어 살았습니다. 오리 주둥이 공룡은 입이 오리 주둥이처럼 길고 납작했어요. 굵고 튼튼한 뒷다리를 가졌고, 입속에는 이빨이 촘촘히 있어서 잔가지까지 뜯어 으깨 먹었지요.

오리 주둥이 공룡 무리들이 가을이 되자 우거진 숲을 찾아 이동하기 시작했어요. 겨울이면 북쪽은 춥고 건조해서 먹을 식물이 부족해지기 때문에 습하고 따뜻한 곳을 찾아가는 거예요. 그래야 배고프지 않게 먹고 살 수 있으니까요.

어린 오리 주둥이 공룡 한 마리가 무리를 따라 숲에 도착했어요. 어리다고 해도 이 공룡의 몸길이는 8m나 되지요. 어린 오리 주둥이 공룡은 무리와 함께 강가에서 목을 축여요. 그때 풀숲에서 육식 공룡 한 마리가 나타났어요. 멀리서부터 무리를 지켜보던 육식 공룡이 어린 공룡을 먹잇감으로 삼은 거예요. 오리 주둥이 공룡 무리는 갑작스러운 공격에 허둥지둥 도망치기에 바쁩니다. 어린 오리 주둥이 공룡도 잡아먹히지 않으려고 있는 힘을 다해 도망을 치기 시작합니다. 하지만 맘이 급한 나머지, 강에 한쪽 발이 빠지고 말아요. 균형을 잃은 어린 오리 주둥이 공룡은 순식간에 강물에 빠집니다.

어린 오리 주둥이 공룡은 물에서 빠져나오려고 허우적거리지만 그럴수록 몸은 더 물에 잠겨요. 결국 힘이 빠진 공룡은 그렇게 물에 빠져 죽고 말아요. 물속 생물들이 오리 주둥이 공룡의 살을 먹으려고 다가오지만, 공룡의 몸은 이내 강물 속 모래 아래로 가라앉아요. 다른 동물이 살을 뜯어 먹을 틈도 없이 땅속 깊숙이 묻힌 거예요. 자, 이제 오리 주둥이 공룡 화석이 어떻게 만들어졌는지 알겠지요?

2장 뒷마당에 나타난 공룡

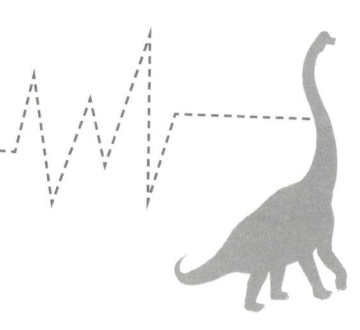

오늘은 토요일, 난 혼자 뒹굴거리며 마루에 누워 있다. 엄마 아빠 모두 결혼식에 갔기 때문이다. 부모님은 함께 가자고 했지만 그러고 싶지 않았다. 난 태어나서 지금까지 혼자만의 시간을 가져 본 적이 별로 없다. 아마 내 또래 친구들이 다 그럴 거다. 어른들은 아이를 혼자 두면 위험하다고 생각해 늘 보호하고 감시하고 싶어 한다. 하지만 난 충분히 자랐고, 어린이들도 혼자만의 시간이 필요할 때가 있다. 난 오늘 같은 기회를 놓치고 싶지 않았다.

"우아, 자유다. 자유!"

사람들이 자유를 위해 목숨까지 바치는 이유를 온몸으로 이해할 수 있을 것 같았다. 자유는 정말 달콤하다. 학교, 학원, 공부, 잔소리. 이 순간만큼은 그 모든 것으로부터 자유롭다.

가장 먼저 마룻바닥에 엎드려 만화책을 읽기로 했다. 아, 이럴 때 꼭 어울리는 게 있다. 씹을 때마다 경쾌한 소리를 내는 과자! 난 과자를 연신 아삭거리며 책장을 넘겼다. 만화책을 몇 권 읽고 나니 몸이 뻐근해져 왔다.

'엄마가 엎드려서 책 보지 말라고 하더니 이런 부작용이 있었군.'

난 똑바로 누워 팔다리를 사방으로 쭉 뻗어 보았다. 그리고는 목부터 팔다리, 허리까지 스트레칭을 해 주었다. 그때 주머니에서 무언가가 또르르 떨어졌다.

"어, 이건 자연사 박물관에서 주웠던 돌이잖아."

난 매끈하게 반짝이는 돌을 손에 쥐었다. 돌은 한동안 주머니 속에 있어서 그런지 따뜻한 기운이 돌았다. 난 그 느낌이 좋아서 돌을 계속 만지작거렸다. 창을 통해 들어오는 봄바람이 매끈한 돌처럼 부드러웠고, 돌의 따뜻한 기운처럼 나를 살며시 감싸안아 주는 듯했다. 봄바람은 창밖

으로 보이는 나뭇잎도 살랑살랑 흔들고 있었다. 난 그렇게 누운 채 뒷마당의 나무를 가만히 바라보았다. 그런데 잔잔하게 흔들리던 나무가 갑자기 휘청하는 느낌이 들었다. 작은 회오리바람이 불기라도 한 걸까? 하지

만 왠지 조금 엉뚱한 생각이 들었다.

'커다란 공룡이 나무 위에 매달린 나뭇잎을 뜯고 있는 건 아닐까? 여기에서는 나무 위까지 보이지 않지만, 지금 공룡이 위에서 나뭇잎을 뜯어 먹고 있을지도 몰라.'

난 자연사 박물관에 다녀온 뒤로 자주 공룡 생각을 했다. 그 많던 공룡이, 지구에 1억 6000만 년이나 살았다던 공룡이 왜 모두 사라져 버렸는지, 어떻게 한 마리도 남아 있지 않은지 답답한 마음이었다. 난 천천히 일어나 창문가로 향했다. 공룡이 나뭇잎을 뜯고 있을지도 모른다는 건

순전히 내 상상이었지만 그래도 확인해 보고 싶었다.

"읍!"

이럴 수가! 난 순간적으로 내 입을 틀어막아 버렸다. 그러고는 최대한 목을 움츠리고 창틀 밑으로 몸을 숨겼다. 서, 설, 설마 했던 그 일이. 고, 공, 공룡이 있을지도 모른다던 그 일이. 지, 지금 내 눈앞에서 일어나고 있었기 때문이다!

우리 집 지붕보다도 키가 큰 공룡이 뒷마당에서 나무를 내려다보며 나뭇잎을 뜯고 있었다. 공룡을 그토록 보고 싶어 했지만 막상 눈앞에 저렇게 커다란 공룡이 나타나니 너무나 겁이 나서 제대로 볼 수가 없었다. 공룡에게 나는 쥐처럼 작은 존재일 것이다. 난 빨리 방으로 들어가 숨어야겠다고 생각했다. 살금살금, 조심조심. 공룡의 눈에 뜨일세라 조심하고 또 조심했다. 하지만 지나치면 화를 부른다고 했던가. 너무 조심한 나머지 그만 과자 봉지를 밟고 미끄러지고 말았다.

"콰당!"

꽤 세게 넘어졌지만 어디가 아픈지도 몰랐다. 난 반사적으로 벌떡 일어서서 공룡의 눈치를 살폈다. 내가 미끄러지는 소리를 들었는지 나뭇잎을 먹던 공룡이 순간 행동을 멈추었다.

'아, 어떡해. 공룡이 나를 찾아내면 어쩌지?'

어찌나 무서웠던지 금방이라도 눈물이 쏟아질 것만 같았다. 그때 공룡이 천천히 고개를 돌렸다. 기다란 목이 느리게 움직이더니 한곳에서 멈춰 섰다. 바로 내 눈빛과 만난 그곳에서. 아이고!

"휘잉!"

공룡이 이상한 숨소리를 냈다. 공룡도 나처럼 놀란 눈을 하고 있었다. 우리는 그렇게 한동안 서로를 바라보며 얼음처럼 굳어 있었다. 그러다가 공룡이 천천히 눈을 끔뻑였다. 난 그 모습을 보고 용기를 냈다. 두 손을 위로 올려 항복하는 자세를 하고, 눈빛은 최대한 부드럽게 했으며, 공룡에게 잘 들리게 하려고 목청은 높였지만 절대로 공격적이지 않은 말투로 말을 시작했다.

"저기…… 난 널 너무 궁금해했던 아이야. 그냥 아주 작은 아이지."

용기를 내 꺼낸 말치고는 너무 두서없는 이야기였다. 공룡은 다시 한 번 눈을 끔뻑이더니 목을 슬며시 옆으로 움직였다. 공룡 역시 나를 배려하려는 듯 아주 천천히 행동하고 있었다.

"네가 살아 있을 거라고는 상상도 못 했어. 아니, 이건 거짓말이고…… 상상은 아주 많이 했어."

난 공룡 앞에서 조그만 거짓말도 할 수 없다고 생각했다. 저 커다란 덩치 앞에서 꾀를 부리거나 거짓말을 해서는 안 된다고 느꼈다.

"으음, 반가워. 사람을 만나고 싶다는 상상을 하긴 했지만 이렇게 진짜 만나다니……."

공룡이 말을 했다! 난 놀라 자빠질 뻔하기도 했고, 기뻐서 소리칠 뻔하기도 했다. 조금 정신을 차리고 보니 공룡도 나 못지않게 놀랐으며 조심하고 있다는 걸 알 수 있었다. 저 큰 덩치로 이렇게 작은 나를 보고 두려워하다니 무서운 공룡은 아닐 거라는 생각이 들었다.

공룡이 부드러운 목소리로 물었다.

"난 브라키오야. 넌?"

"아, 네가 바로 브라키오사우루스구나. 자연사 박물관에서 봤어. 박물관에서 본 것보다 진짜 모습이 훨씬 큰걸?"

공룡의 부드러운 목소리를 듣자, 갑자기 오래된 친구를 만난 듯 반가운 마음이 들었다. 브라키오도 그런 날 보고 좋아하는 것 같았다. 나도 내 소개를 했다.

"내 이름은 용가희고, 초등학교 4학년이야. 지금 엄마 아빠는 결혼식에 가고 없으니까 우리 마음대로 해도 돼."

"어차피 사람들은 나를 못 봐. 너 빼고는."

브라키오의 말에 다른 창을 열고 골목을 살폈다. 길 가던 사람들이 그대로 멈춰 있었다. 나와 브라키오를 빼고 세상 모든 사람의 시간이 멈춘 것이다.

브라키오가 말했다.

"난 시간 여행을 하고 있어. 전에 매끈하고 반짝이는 흰 돌을 삼킨 적이 있는데 그때부터 시간 여행을 할 수 있게 되었어."

난 그 말을 듣고 주머니에 있던 흰 돌을 꺼내 보였다.

"이런 거 말이니?"

브라키오가 깜짝 놀라며 말했다.

"그래, 내가 삼킨 돌보다 크기는 작지만 비슷하구나."

흰 돌의 정체를 아직 정확하게 알 수는 없었지만, 이 돌이 나와 브라키오를 만나게 한 것 같았다.

브라키오가 다정한 목소리로 물었다.

"용가희라고 했지? 이제부터 그냥 '용이'라고 불러도 될까?"

"그래, 그래. 우리 할머니도 나를 그렇게 불러. 용가리라고만 부르지 않으면 돼."

"용가리? 하하, 네가 싫어하는 별명인가 보구나? 나도 그런 게 있어. 난 다정하게 '브라키오'라고 불리는 걸 좋아하지. 난 애교가 많은 성격이거든. 용아, 그렇게 창에 매달려 있지 말고 가까이 와서 나랑 놀자."

그 말에 조금 전에 느꼈던 두려움은 봄바람에 실려 간 듯 사라져 버렸다. 난 단숨에 뒷마당으로 뛰어나갔다.

"우아, 너 정말 대단하다. 어마어마하게 커!"

가까이에서 본 브라키오의 몸은 정말 놀라웠다. 몇백 년 된 나무보다 굵은 다리에 꼬리에서 몸통으로, 몸통에서 목으로 이어진 부분은 한눈에 들어오지 않을 정도로 길었다.

브라키오가 놀란 내 얼굴을 보고 친절하게 말했다.

"인간 세상에서는 큰 동물이라고 하면 코끼리를 꼽더라. 난 코끼리 20마리 정도 되는 몸집을 가지고 있어. 목 길이만 해도 12m 정도 되지. 그리고 난 중생대 중에서도 쥐라기에 살고 있어."

"그럼 코끼리 20마리랑 싸워도 이길 수 있겠네?"

내 말에 브라키오가 싱긋 웃으며 말했다.

"넌 순하고 착하게 생겼는데도 싸움을 좋아하나 보구나? 난 싸움을 좋아하지 않아. 다른 동물을 잡아먹지도 않고. 싸움을 하려면 날렵해야 하는데 좀 둔한 편이거든."

"아냐, 싸움은 나도 아주 싫어해. 그냥 코끼리 20마리만 하다고 해서 물어본 거야. 그런데 중생대면 중생대지, 쥐라기는 또 뭐야?"

"사람들이 그렇게 말하던걸? 사람들은 지층이 만들어진 때를 시대별로 나누더라고."

"맞아. 나도 그건 들어 봤어. 잘은 모르지만 복잡한 모양이구나."

난 중생대니, 쥐라기니 하는 말이 낯설어서 혼잣말을 하듯 중얼거렸다. 그러자 브라키오가 고개를 갸웃거렸다.

"음, 사람이라고 다 똑똑한 건 아니구나. 난 공룡이 멸종한 이유를 밝히기 위해 시간 여행을 하고 있어. 21세기 인간 세상이 가장 과학이 발달했다고 해서 이곳으로 왔지. 그런데 겨우 만난 네가 그런 말을 하다니……."

브라키오의 말을 듣자 얼굴이 화끈거렸다. 4학년치고 그렇게 무식한 건 아닌데, 억울한 마음도 들었다. 나는 브라키오에게 믿음직스러운 목소리로 말했다.

"너무 실망하지 마. 지금 당장은 아는 게 별로 없지만 열심히 널 도와줄게. 나도 공룡이 왜 멸종했는지 너무 궁금했거든. 지구 역사를 통틀어 지구의 진정한 주인은 공룡이었다고 생각해. 그런 공룡이 한 마리도 남아 있지 않다는 건 말도 안 돼."

브라키오의 실망스러운 눈빛이 어느새 확신으로 가득 찼다. 난 브라키오와 함께 공룡이 왜 멸종했는지 밝혀 보기로 뜻을 모았다. 브라키오, 우리 함께 잘해 보자!

브라키오사우루스

공룡이 궁금해!

땅을 연구하는 학문을 '지질학'이라고 해. 흙으로 덮인 땅을 연구하다니 이상하지? 그런데 땅은 지구 역사를 연구하는 데 중요한 열쇠가 된단다. 화석이 많은 것을 보여 주듯이 땅도 마찬가지야. 그래서 땅이 만들어진 시기에 따라 이름도 제각각이란다.

지질 시대를 나누는 가장 큰 단위를 '누대'라고 해. 현생 누대와 시생 누대, 원생 누대로 구분하는데, 시생 누대와 원생 누대를 합하여 '선캄브리아 시대'라고 부르기도 한단다. 화석이 만들어진 시기가 현생 누대로, 고생대, 중생대, 신생대는 현생 누대에 속해. 시생 누대와 원생 누대는 화석이 거의 없던 시기이지.

이언	대	기	시기
현생 누대	신생대	제4기	256만 년 전
		네오기	2300만 년 전
		팔레오기	6550만 년 전
	중생대	백악기	1억 4500만 년 전
		쥐라기	2억 년 전
		트라이아스기	2억 5100만 년 전
	고생대	페름기	2억 9900만 년 전
		석탄기	3억 5900만 년 전
		데본기	4억 1600만 년 전
		실루리아기	4억 4300만 년 전
		오르도비스기	4억 8800만 년 전
		캄브리아기	5억 4100만 년 전
선캄브리아 시대	원생 누대		25억 년 전
	시생 누대		46억 년 전

시대별 지층

지구가 막 생겨났을 때는 땅이 딱딱하지 않고 말랑말랑했어. 지구 온도가 너무 뜨거웠기 때문이지. 그러다가 오랫동안 비가 내리며 땅이 굳고 바다도 만들어졌어. 처음으로 지층이 만들어진 때는 지금으로부터 약 46억 년 전으로 알려져 있어. 그때부터 지질 시대가 시작되지. 시생 누대와 원생 누대는 '선캄브리아 시대'라고 해. 가장 오래전에 지층이 만들어진 시기가 선캄브리아 시대이고, 가장 최근에 지층이 만들어진 시기가 신생대인 거야.

선캄브리아 시대는 약 46억 년 전부터 5억 4100만 년 전까지야. 이때는 지층뿐 아니라 생명체도 초기의 모습을 하고 있었어. 바닷말이나 아메바, 박테리아 같은 미생물이 살았지.

다음은 고생대야. 고생대는 5억 4100만 년 전에서 2억 5100만 년 전까지의 시대야. 고생대에 들어서면서 땅 위에 식물이 살기 시작했지. 고생대를 대표하는 생물은 바로 '삼엽충'이야. 삼엽충은 고생대에만 살다가 사라졌어. 고생대 후기에는 물고기가 나타나기 시작했지.

삼엽충

이젠 공룡의 시대인 중생대야. 중생대는 2억 5100만 년 전부터 6550만 년 전까지의 시기야. 중생대에는 공룡이 지구를 정복했고, 양치식물이 번성했던 고생대와 달리 겉씨식물이 번성하고 속씨식물이 조금씩 나타났지. 또한 중생대 초기에 지구는 모든 땅덩어리가 하나의 대륙으로 이루어져 있었어. 이 대륙을 '판게아'라고 부르는데, 시간이 지나면서 땅덩어리가 조금씩 갈라지고 이동을 했어. 그래서 오늘날 같은 여섯 개의 대륙이 만들어졌지.

마지막 지질 시대는 신생대야. 신생대는 6550만 년 전부터 오늘날까지를 말해. 공룡이 사라지자 신생대의 주인공은 새끼를 낳아 젖을 먹이는 포유류가 되었고, 식물의 종도 더욱 다양해졌어. 또한 꽃을 피우는 속씨식물이 더욱 번성했지.

공룡들의 천국, 중생대

공룡에 대해 공부를 하고 있으니 중생대에 대해 더 자세히 알아 두는 게 좋겠어. 중생대는 다시 세 개의 시대로 구분돼. 바로 트라이아스기, 쥐라기, 백악기지.

트라이아스기는 중생대 가운데 가장 짧은 시기로, 이때부터 하나로 이어져 있던 땅덩이가 요동을 치면서 갈라지기 시작했어. 이때 땅에 살던 동물은 몸집이 작은 포유류들과 도마뱀과 거북, 개구리, 공룡 등이었어. 후기 트라이아이스기의 대표적인 공룡으로는 작은 육식 공룡인 코엘루로사우루스와 작은 초식 공룡인 파브로사우루스 등이 있었어. 하지만 아직 진정한 공룡 세상이라고 하기엔 일렀지.

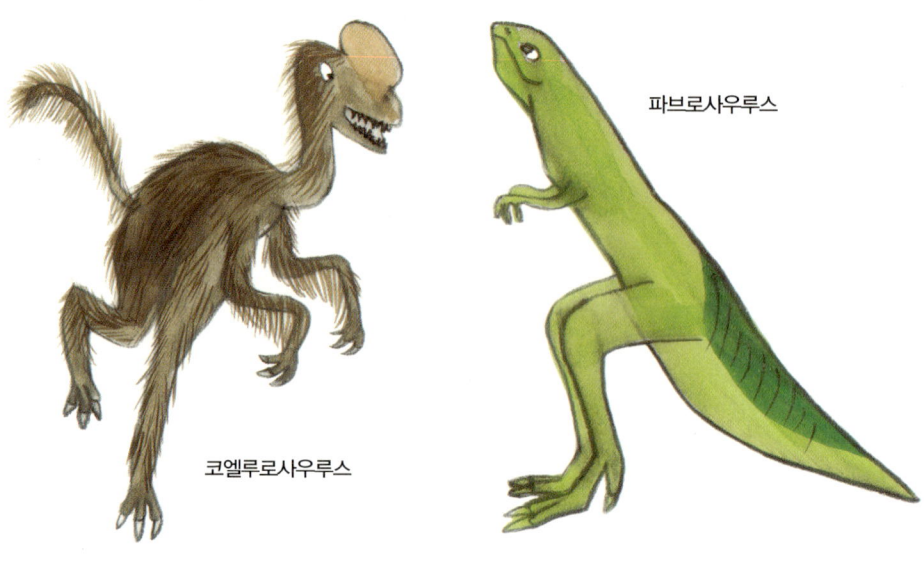

파브로사우루스

코엘루로사우루스

트라이아스기 다음은 쥐라기야. 쥐라기가 바로 대표적인 공룡 시대지. 이때는 기온 변화 없이 날씨가 따뜻해 추위 걱정은 없었어. 다만 가뭄이 드는 경우가 있어서 마실 물이 부족할 때는 있었지. 육지에는 소철 나무가 가득했고, 잎이 뾰족한 침엽수가 많았어.

마지막으로 백악기는 지층에 '백악'이라는 물질이 많아서 붙여진 이름이야. 이 시기에 바닷물이 넘치는 대홍수가 일어났기 때문에 지층에서 해양 퇴적물을 많이 볼 수 있어. 백악기에는 더욱 다양한 공룡들이 등장했어. 티라노사우루스, 트리케라톱스 등 우리에게 잘 알려진 공룡들 대부분이 백악기에 살았어. 그리고 백악기에 공룡들은 모두 사라지고 말았지.

트리케라톱스

티라노사우루스

공룡 전문 리포터 용가희입니다. 중생대는 트라이아스기, 쥐라기, 백악기로 나뉘는데 시대별로 다양한 공룡이 번성했습니다. 그럼 시대별, 특징별 대표 공룡을 만나 자세한 이야기를 들어 보도록 하겠습니다.

시대별 대표 공룡 모여라!

· **플라테오사우루스** 저는 트라이아스기 후기에 등장했어요. 성격이 온순하고 코가 발달해 냄새에 민감했지요. 그때는 나 말고 코엘로피시스라는 공룡도 살고 있었어요.

· **디플로도쿠스** 저는 쥐라기를 주름잡았던 공룡이에요. 공룡 중에 가장 긴 꼬리가 특징이지요. 쥐라기에는 나같이 몸집이 거대한 공룡들이 많이 살았어요.

· **이구아노돈** 나는 백악기에 살았어요. 무리 지어 살았고 성격이 온순했지요. 백악기에는 나 말고도 티라노사우루스, 트리케라톱스, 파키케팔로사우루스, 안킬로사우루스, 마이아사우라 등 수많은 공룡이 살았지요.

특징별 대표 공룡 모여라!

공룡은 골반뼈 모양에 따라 크게 '용반류'와 '조반류'로 나뉩니다. 용반류는 파충류의 골반 모양을 하고 있고, 조반류는 새의 골반 모양을 하고 있지요. 용반류는 다시 '수각류'와 '용각류', 조반류는 '검룡류', '각룡류', '조각류', '곡룡류', '후두류'로 나뉩니다.

용반류

- **티라노사우루스(수각류)** 나는 용반류이면서 수각류를 대표하는 공룡입니다. 육식 공룡은 모두 수각류로, 뒷다리와 꼬리를 움직여서 걸었어요.
- **브라키오사우루스(용각류)** 용각류는 거대한 몸집의 초식 공룡들로 주로 네 다리로 걸어요. 나 말고도 디플로도쿠스, 세이스모사우루스 등이 있어요.

조반류

- **스테고사우루스(검룡류)** 나는 등에 뾰족한 골판이 달린 것으로 유명해요. 검룡류는 머리 뒷부분부터 등줄기를 따라 넓적하거나 뾰족한 골판이 달려 있어요.
- **트리케라톱스(각룡류)** 나처럼 머리에 프릴과 뿔이 있는 공룡이에요.
- **파라사우롤로푸스(조각류)** 나 같은 오리 주둥이 공룡들은 조각류에 속해요.
- **안킬로사우루스(곡룡류)** 나처럼 온몸을 갑옷으로 무장한 것 같은 공룡이에요.
- **파키케팔로사우루스(후두류)** 나처럼 두꺼운 머리뼈를 가진 공룡이에요.

스테고사우루스 파라사우롤로푸스 안킬로사우루스

3장 공룡이 변비였다고?

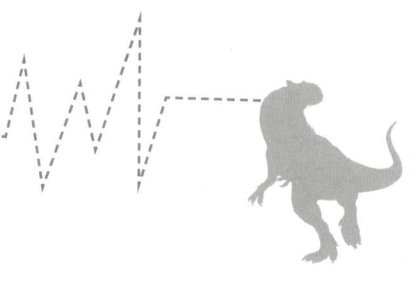

브라키오를 만난 뒤로 난 좀처럼 마음을 진정할 수가 없었다. 어떻게, 어떻게 공룡이 내 앞에 나타날 수 있단 말인가? 그리고 시간 여행을 하게 해 주는 마법의 돌이 있다니. 그것도 내 손에! 이 모든 것이 신기할 뿐이었다. 하지만 난 이 놀라운 이야기를 누구에게도 말할 수가 없었다. 내게는 틀림없는 사실이지만 다른 사람들에게는 믿지 못할 일일 테니까.

브라키오는 헤어지면서 이렇게 말했다.

"흰 돌과 내 존재에 대해서 아무에게도 이야기하지 마. 누구도 쉽게 믿지 못할 거야. 내 공룡 친구들도 처음엔 믿지 않았어. 너도 괜히 상처만 입고, 흰 돌까지 빼앗길지 몰라. 그러면 우리는 다시 만나지 못할 거야."

곰곰이 생각해 보니 브라키오의 말이 모두 맞았다. 아쉽지만 난 브라키오와의 만남을 혼자만 간직하기로 했다.

다음 날, 나는 쉬는 시간 짬짬이 공룡에 대한 책을 읽었다. 하지만 공룡책은 처음이라 무슨 말인지 쉽게 알 수가 없었다. 그동안 나는 공룡을 남자아이들의 장난감 정도로 생각했다. 그래서 전혀 관심이 없었고, 진짜 있었던 일이라기보다는 공상 과학 만화에 나오는 것 같은 이야기로 여겼다. 그런데 어느 순간 공룡의 존재가 갑자기 마음속에 들어오더니 실제로도 눈앞에 나타난 것이다. 지금 난 공룡 멸종의 비밀을 풀고 싶어 미칠 지경이다.

개구쟁이 동하가 내 옆을 지나가며 또 헛소리를 지껄였다.

"야, 용가리. 오늘 점심 반찬은 용가리 치킨이래."

'어휴, 저 녀석을 브라키오 앞으로 끌고 가서 혼 좀 내 줘야 하는데.'

난 브라키오 앞에서 벌벌 떠는 동하를 상상했다.

"오호, 내가 좋아하는 육식 반찬이군. 어디 육식 동물의 본능을 보여 줘 볼까?"

"그냥 고기반찬 좋아한다고 하면 되지, 뭘 또 그리 어렵게 말해서 잘난 척이냐?"

삼척동자 신통해의 말에 한 아이가 면박을 주었다. 하지만 가만있을 신통해가 아니었다.

"그 정도가 어려운 말이라면 넌 초식 동물의 뇌를 가진 거야. 공룡의 뇌일 수도 있고. 공룡은 몸집은 크지만 뇌가 아주 작거든, 히히."

그 말을 듣는 순간 난 공룡 멸종에 대해 신통해에게 물어봐야겠다는 생각이 들었다. 잘난 척하는 모습은 꼴 보기 싫지만 그래도 신통해는 공룡에 대해 아는 게 정말 많으니까. 혼자 골머리를 썩이느니 그 편이 나을 것 같았다.

"신통해, 궁금한 게 있는데……."

평소에는 자기와 한마디도 안 하던 내가 말을 걸자, 신통해가 놀란 얼굴로 쳐다보았다. 난 다시 용기를 내어 물었다.

"넌 공룡에 대해 아는 게 많잖아. 도대체 공룡은 왜 멸종한 거야?"

"음, 그건 여러 가지 설이 있어. 지금으로서는 뭐라 단정 지어 말할 수 없지. 그리고 공룡에 대해 잘 알지도 못하는 네게 설명해 봤자, 이해나 할 수 있겠니?"

신통해는 있는 대로 잘난 척하는 표정을 지으며 시원스럽게 대답을 해 주지 않았다. 나도 슬슬 화가 나기 시작했다.

"그래도 네가 생각하는 이유가 있을 거 아니야?"

신통해는 나를 가만히 보더니 입을 열었다.

"공룡이 변비에 걸려서 멸종했다고 주장하는 사람들이 있기도 해. 처음 듣는 사람들에게는 농담으로 들리겠지만, 공룡을 연구하는 학자들은 모든 가능성을 열어 두지. 공룡 연구란 그런 거야."

난 신통해의 잘난 척을 꾹 참고 끝까지 들었다. 그래서 얻은 열쇠는 '공룡의 변비'다. 이제 브라키오를 만나 진짜인지 아닌지 확인해 볼 차례다.

난 집에 와서 그날처럼 뒷마당으로 난 창문을 바라보았다. 아니, 아예 그쪽을 향해 자리를 잡고 앉았다. 얼마 뒤, 뒷마당에 드리운 나뭇가지가 크게 흔들렸다. 브라키오가 다시 나타난 것이다! 난 뒷마당으로 후다닥 뛰어나갔다.

"브라키오, 정말 나타났구나! 네가 오지 않으면 어쩌나 걱정했어."

"네게 일어난 일이 잘 믿기지 않았던 모양이구나?"

브라키오는 내 마음을 정확하게 알고 있었다. 난 브라키오를 향해 고개를 끄덕이며 말했다.

"그래, 어쩌면 이게 꿈일지도 모른다고 생각했어. 아주 생생한 꿈. 그래도 너와 약속한 대로 공룡이 멸종한 이유를 찾으려고 노력했어. 그래서 한 가지 열쇠를 찾아냈지."

브라키오는 큰 눈을 깜빡이며 내 이야기를 열심히 들었다.

"우리 반에 공룡 박사로 통하는 아이가 그러는데, 어떤 사람들은 공룡이 변비에 걸려서 멸종했다고 생각한대."

브라키오가 믿을 수 없다는 듯 다시 물었다.

"변비? 응가 못 하는 거?"

나는 고개를 끄덕였다.

"변비라, 그게 원인이라면 공룡 멸종이 참 우스운 사건이 되겠는걸."

브라키오는 우스운 사건이라고 말하면서도 표정은 여전히 진지했다. 그러더니 고개를 숙여 내게 얼굴을 가까이 대고 목으로 올라오라는 눈짓을 했다. 함께 쥐라기로 가서 확인해 보자는 것이다. 난 언덕을 기어오르듯 브라키오의 몸을 타고 올라갔다. 그러고는 기대와 두려움을 안고 가만히 눈을 감았다. 시간 여행이 어떻게 이루어지는지 몰랐기 때문에 그냥 눈을 감는 것밖에 할 수 있는 일이 없었다.

어디선가 이상한 냄새가 났다. 눈을 감고 있으니 냄새에 더 민감해졌다. 시력이 나쁜 동물들이 후각이나 청각이 발달하는 까닭을 온몸으로 깨닫고 있는 중이었다. 브라키오는 나를 깨우려는 듯 몸을 흔들었다. 나는 천천히 눈을 떴다. 푸른 잎을 가진 식물들이 눈앞에 가득했고, 공기는 축축하면서도 따뜻했다.

"음, 내가 좋아하는 먹을거리들."

브라키오는 행복한 표정으로 나뭇잎을 훑어 먹기 시작했다. 시간 여행을 하는 것도 좋지만 고향을 떠나 있는 것이 나름 고생이었던 모양이다. 난 브라키오가 나뭇잎 먹는 모습을 가만히 바라보았다. 브라키오는 놀랄 정도로 많은 식물을 먹어 치우고 있었다.

"브라키오, 브라키오!"

브라키오는 내가 부르는 소리도 듣지 못하고 먹기만 했다.

"브라키오! 그만 먹어!"

나는 목청껏 소리를 질렀다. 그제야 브라키오가 나를 바라보았다.

"언제까지 먹고만 있을 거야? 벌써 나무 몇 그루는 먹었겠다."

브라키오는 쑥스러운 듯 웃어 보였다.

"내가 양껏 먹는 모습을 본다면 넌 놀라 자빠질 거야."

"아직도 더 먹어야 한다고?"

"먹이를 먹는 게 내 하루 일과라고 할 수 있지."

"그럼 나무들은 모두 씨가 마르고 말걸?"

공룡들이 멸종하기 전에 식물부터 멸종하겠다는 생각이 들었다.

"걱정 마. 우리가 사는 세상은 21세기보다 훨씬 따뜻해. 그래서 식물들이 쑥쑥 잘 자라지. 식물의 멸종 같은 일은 일어날 리가 없어."

난 그 말에 고개를 끄덕였다. 내가 처음 왔을 때부터 느꼈듯이 이곳은 더없이 따뜻했고, 습도도 높았다. 가 보진 못했지만 마치 열대 우림에 와 있는 것처럼 말이다. 난 브라키오의 식사가 끝나기를 조용히 기다려 주었다.

"꺼억, 잘 먹었다."

브라키오가 요란한 트림 소리를 내며 고개를 들었다. 키가 큰 브라키오는 나무 꼭대기에 매달린 이파리만 잘도 골라 먹어서 주변 나무들은 모두 대머리가 되어 있었다. 하지만 숲은 여전히 푸르렀고, 나무들로 빼곡했다.

"네가 먹는 모습을 봤다면 우리 엄마가 걱정했을 거야. 엄마는 늘 음식을 꼭꼭 씹어 먹으라고 하거든. 그렇게 먹다가는 소화가 잘 안 될 거라면서 말이야."

브라키오는 걱정 없다는 표정을 지으며 말했다.

"나도 흰 돌을 가지고 있다고 했었잖아. 기억 나?"

그러고 보니 브라키오는 흰 돌을 삼켰다고 했었다.

"내 먹이는 식물이지만 난 가끔씩 돌을 먹기도 해. 먹은 식물을 소화시키기 위해서지. 나뭇잎과 나무줄기들은 보기보다 질겨서 소화시키기가 쉽지 않아. 그래서 돌을 이용해 소화를 시키는 거야."

"아, 그래서 흰 돌이 네 몸속에 들어가게 된 거구나?"

"나처럼 돌을 삼켜서 먹이를 소화시키는 초식 공룡들은 꽤 많아. 내 친구 디플로도쿠스 할로룸도 그렇게 소화를 시켜. 어, 저기 있는 공룡이 바로 디플로도쿠스 할로룸이야."

브라키오가 가리키는 방향을 바라보자 저 멀리 공룡 한 마리가 보였다. 브라키오가 꼬마처럼 느껴질 정도로 어마어마하게 큰 공룡이었다. 내 벌어진 입이 다물어지지 않을 정도로 엄청나게 컸다.

브라키오가 씩 웃으며 말했다.

"엄청 커서 놀랐구나. 디플로도쿠스 할로룸은 적어도 하루에 1t의 식물을 먹어 치워."

"우아, 그럼 똥도 엄청나게 싸겠는걸?"

변비 때문에 공룡이 멸종한 것이 아니라면 공룡들이 눈 똥의 양은 분명 엄청날 거란 생각이 들었다. 브라키오는 그렇다고 말했다. 우리는 공룡들의 똥을 찾아보기로 했다.

"사람들은 보통 화장실에서 볼일을 봐."

내 말에 브라키오가 고개를 갸웃거리며 물었다.

디플로도쿠스 할로룸

"화장실에서 볼일을 본다고? 그럼 화장실에서 사람들끼리 만난다는 거니?"

브라키오의 엉뚱한 질문에 난 웃음을 터뜨리며 말했다.

"화장실에서 만나다니. 그냥 볼일을 본다고."

브라키오는 오히려 내가 웃는 걸 이해할 수 없다는 듯 다시 물었다.

"볼일이라는 게 서로 만난다는 거 아냐?"

말 그대로 보자면 브라키오의 말이 맞다. 사람들은 누구나 똥을 누면서도 그걸 어떻게든 포장해서 말하려고 한다.

"그래, 만나기는 하는데 화장실에서 자기 똥을 만나는 거야. 사람들은 그걸 볼일 본다고 표현해."

그제야 브라키오가 웃으며 고개를 끄덕였다. 그러는 동안 우리는 공룡 똥을 발견했다. 둥근 모양의 똥이 군데군데 쌓여 있었다.

내가 낄낄 웃으며 말했다.

"히히, 꽤 귀여운 모양의 똥인걸."

"초식 공룡의 똥이야."

몇 발자국 앞에도 똥 덩어리가 있었다. 똥 덩어리 속에는 하얀 뼈들도 섞여 있었다.

"저 뼈는 뭐지?"

브라키오가 똥을 이리저리 살펴보며 말했다.

"음, 이건 육식 공룡이 싼 똥 같아. 육식 공룡은 초식 공룡을 잡아먹기 때문에 똥에 초식 공룡의 뼈가 함께 나오는 경우가 많아. 사냥을 하고 신나게 뼈째 씹어 삼킨 모양이야."

브라키오의 말을 듣고 있자니 왠지 오스스한 느낌이 들었다. 전에 엄마가 닭 다리의 물렁뼈를 씹어 먹던 기억도 떠올랐다.

"이걸 보니 공룡이 변비에 걸려서 멸종할 정도는 아닌 것 같은데?"

브라키오도 고개를 끄덕이며 말했다.

"그래, 내 생각도 마찬가지야. 공룡들은 환경에 적응하기 위해 나름 노력을 기울였어. 공룡의 몸집이 커진 이유는 당시 식물에 영양분이 많지 않아서 한꺼번에 많이 먹어 양분을 빼내기 위해서였다고 해. 또한 공룡들은 돌멩이를 삼켜서 질긴 식물을 소화시켰지. 그러니 단순히 변비 때문에 멸종할 리가 없잖아? 물론 어떤 공룡은 변비 때문에 고통을 받기도 했을 거야. 하지만 그건 사람도 마찬가지 아닌가?"

브라키오의 말은 하나같이 옳았다. 공룡이 멸종한 이유를 찾아내려면 다른 열쇠를 더 찾아봐야 할 것 같았다.

브라키오가 생각에 잠긴 채 걸어가고 있던 나를 다급하게 불렀다.

"용아, 조심해!"

철벅, 쾅당!

"아, 나 어떡해?"

난 금방이라도 울고 싶었다.

나는 공룡 똥을 밟고 말았다. 웃지 마라. 공룡 똥은 동네에 있는 개똥과는 비교가 안 된다. 내가 밟은 공룡 똥은 높이가 40cm나 되는 것이었다. 종아리까지 공룡 똥이 묻었단 말이다.
"야, 신통해! 이래도 공룡이 변비였다고?"
난 옆에 있지도 않은 신통해를 부르며 원망했다. 브라키오는 터진 웃음을 참으며 덩치에 어울리지 않게 낄낄대고 있었다.

동물들은 먹이에 따라 입이나 이빨의 모양이 달라. 모두 환경에 알맞게 적응했기 때문이지. 공룡도 마찬가지야. 공룡은 먹이에 따라 육식 공룡과 초식 공룡으로 나뉘는데 육식 공룡은 사냥감을 뜯어 먹기 좋게 입이 컸어. 그만큼 머리도 크고, 목이 짧고 튼튼한 편이었지. 특히 큰 입속에는 보기만 해도 무시무시한 사냥꾼이라는 느낌을 주는 크고 날카로운 이빨이 있었어. 반대로 초식 공룡은 나뭇잎이나 나뭇가지를 뜯기 좋게 대부분 머리가 작고 목이 길었어. 물론 트리케라톱스처럼 머리가 큰 초식 공룡도 있지만, 초식 공룡의 이빨은 육식 공룡에 비하면 무딘 편이었어.

육식 공룡의 식사법

육식 공룡의 이빨은 칼처럼 날카롭고 단단했어.

알로사우루스는 단검처럼 휘어진 30여 개의 이빨로 먹잇감을 죽이고 찢었어. 티라노사우루스의 이빨은 하나가 30cm나

육식 공룡

초식 공룡

될 정도로 커서 한번 물면 놓치는 법이 없었지. 상대를 공격하다 보면 간혹 이빨이 부러질 때도 있는데, 그러면 곧 새 이빨이 다시 났어.

하지만 육식 공룡에게 날카로운 이빨이 있다고 사냥이 늘 쉬웠던 건 아니야. 초식 공룡은 항상 육식 공룡의 공격을 경계했고, 나름대로 방어법을 가지고 있어서 사냥하는 데 애를 먹었어. 그래서 육식 공룡은 가장 먼저 만만한 공격 상대를 찾았어. 보통 몸이 약한 동물이나 어린 새끼들이었지. 혹은 다른 공룡이 사냥한 먹이를 빼앗기도 하고, 죽은 지 얼마 되지 않은 공룡 시체를 먹기도 했어. 어떤 과학자는 티라노사우루스가 시체 처리자였다고 주장하기도 해.

초식 공룡의 식사법

초식 공룡들은 비교적 사이좋게 식물을 나누어 먹었어. 키가 큰 공룡들은 나무 꼭대기에 매달린 잎을 따 먹었고, 작은 공룡들은 아래에 있는 잎을 먹었지.

간혹 큰 공룡이 발로 나무를 쓰러뜨리면 키 작은 공룡이나 작은 동물들이 달려들어 편하게 식사를 하기도 했어.

에드몬토사우루스

그런데 몸집이 커다란 용각류들은 식물을 씹지 못하는 이빨을 가지고 있었어. 많게는 하루에 1t의 식물을 먹었다는데 이것을 어떻게 소화시켰을까? 바로 오늘날 새들에게 있는 모래주머니에서 해답을 찾을 수 있어. 새들은 이가 없어서 먹이를 바로 삼킨 뒤 모래주머니에서 잘게 부수잖아. 공룡도 '위석'이라고 부르는 자갈 같은 돌멩이를 삼켜서 소화를 시켰던 것 같아. 실제로 공룡의 화석에서 돌멩이가 발견되었거든.

그리고 초식 공룡 중에는 이빨이 1000개가 넘는 것도 있었어. 입이 오리처럼 넓적한 오리 주둥이 공룡에 속하는 에드몬토사우루스는 넓고 납작한 부리로 나뭇잎을 자르거나 잡아 뜯었지. 이렇게 해서 입에 들어온 식물은 1000개가 넘는 촘촘한 이빨로 잘게 부쉈어. 게다가 에드몬토사우루스는 뺨이 있어서 입안 가득 식물을 물고 먹을 수도 있었단다.

공룡 중계석

공룡 전문 리포터 용가희입니다. 저는 지금 디플로도쿠스 할로룸의 위석이 발견된 현장에 나와 있습니다. 디플로도쿠스 할로룸은 쥐라기에 살았던 용각류 공룡으로 브라키오사우루스처럼 몸집이 큰 공룡입니다. 이번에 발견된 위석은 모두 64개라고 합니다. 거대한 몸에 어울리는 많은 위석이군요.

자, 이번에는 디플로도쿠스 할로룸의 몸속으로 직접 들어가서 위석이 어떻게 쓰이는지 알아보겠습니다. 어떻게 몸속으로 들어가느냐고요? 제가 누굽니까? 용가희 아닙니까?

디플로도쿠스 할로룸의 소화 비법을 찾아서

이곳은 바로 디플로도쿠스 할로룸의 위 속입니다. 초식 동물들은 보통 질긴 식물을 소화시킬 수 있는 큰 위와 창자를 가지고 있지요. 디플로도쿠스 할로룸 역시 큰 몸집에 어울리는 큰 위장을 가지고 있군요. 특히 수많은 돌멩이들이 눈에 띕니다. 작은 것은 호두만 하고 큰 것은 배만 합니다. 돌멩이는 하나, 둘, 셋, 넷……. 아이고, 하도 많아서 세기가 어렵네요. 게다가 위석들이 위 근육에 의해 계속 움직여서 제대로 수를 헤아릴 수가 없어요. 어림잡아 수십 개는 되는 것 같습니다.

디플로도쿠스 할로룸이 먹은 엄청난 양의 식물이 이곳에서 위석에 의해 잘게 부서지고 있습니다. 그래서일까요? 위석은 매끈한 모습입니다. 서로 끊임없이 부딪히며 식물을 부수다 보니 위석들도 닳은 모양이에요.

　어이쿠, 지금 이곳이 갑자기 요동치고 있습니다. 위석이 너무 매끈하다는 말을 듣기라도 한 것처럼 디플로도쿠스 할로룸이 위석들을 토해 내고 있어요. 초식 공룡들은 위석이 너무 매끈해지고 작아져서 제 역할을 하지 못하면 토해 내고 새로운 위석을 삼키곤 하거든요.

　드디어 새로운 위석들이 이곳으로 들어오고 있습니다. 가까이 가서 살펴보겠습니다. 위석들은 매우 단단해 보입니다. 음, 석영처럼 쉽게 닳지 않는 돌들이 많군요. 소문에 의하면 초식 공룡들은 더 좋은 위석을 얻기 위해 먼 곳까지 찾아 나서기도 한답니다. 새로 삼킨 위석들을 보니 디플로도쿠스 할로룸이 주의 깊게 고르고 골랐다는 생각이 드는군요. 아무쪼록 좋은 위석 덕에 체하지 않고 먹이를 잘 소화시키기를 바랍니다. 이상 용가희였습니다.

4장 심심할 틈 없는 공룡 세계

공룡 똥을 밟는 끔찍한 경험을 한 나는 학교에 가자마자 신통해부터 찾았다. 어디서 그런 용기가 났는지 모르게 목청껏 소리를 질러 댔다.

"야, 신통해! 공룡이 변비에 걸려서 멸종했다는 거 네가 꾸며 낸 말이지? 공룡들이 얼마나 많이 먹는데 똥을 못 싸냐? 난 높이가 40cm나 되는 공룡 똥도 봤단 말이야. 너 공룡 박사라더니 순 엉터리구나?"

"아, 너 티라노사우루스 똥 화석을 본 모양이구나? 공룡 화석 중에서도 똥 화석은 꽤 귀한 편이야. 하지만 간혹 발견되어서 우리의 궁금증을 풀어 주곤 하지. 그런데 그게 그렇게 화낼 일은 아닌 거 같은데."

신통해의 말에 정신이 번쩍 들었다. 내가 시간 여행을 하고 왔다는 걸 알 리 없는 아이한테 화를 내고 있는 게 아닌가.

"아니, 그게…… 공룡이 변비에 걸려서 멸종했다는 게 말이 안 되잖아. 네가 다른 이유를 알면서도 장난을 친 것 같아서 말이야."

"내가 말했잖아. 변비에 걸려서 멸종했다고 주장하는 사람들이 간혹 있다고. 중생대에는 고사리 같은 양치식물과 소철 나무가 무성했는데 시간이 지나면서 속씨식물이 등장하고 꽃이 피었어. 겉씨식물만 먹던 공룡들이 속씨식물과 꽃을 먹으면서 식생활이 바뀌어 변비에 시달렸을 거라는 주장이 있었어. 아무것도 모르면서."

신통해가 있는 대로 턱을 빼들고 잘난 척을 하는 통에 난 더 이상 반격을 하지 못했다.
"공룡이 멸종한 이유에 대해 아직도 알고 싶다면 이번에 이런 대답을 해 줄게."
신통해는 갖은 폼을 다 잡으며 다시 입을 열었다.
"공룡은 말이야, 심심해서 죽었을지도 몰라."
"뭐어???"

난 너무 기가 막혀서 목소리가 절로 커졌다. 신통해가 의기양양한 목소리로 설명을 이어 갔다.

"놀랍지? 그런데 그렇게 주장하는 학자들이 있다니까. 어차피 공룡 세계를 직접 보지도 못하는데 무조건 아닐 거라고 할 수는 없잖아?"

난 신통해의 말에 동의할 수 없었지만, 신통해는 계속 말을 이었다.

"용가리, 아니 용가희. 덩치 커다란 공룡들의 하루 일과는 아주 단순했어. 자고 일어나면 주위에 있는 식물을 하루 종일 먹었지. 그러다 먹이가 떨어졌다 싶으면 다시 울창한 숲을 찾아 이동하는 거야. 실컷 나뭇잎을 먹다가 목마르면 냇가에서 물을 마시고, 다시 먹이를 먹고 자고를 되풀이했지. 어때? 말만 들어도 심심하잖아."

그러고 보니 브라키오가 했던 말이 생각났다. 브라키오는 하루 종일 먹이를 먹는다고 했다. 그렇다면 신통해의 말이 진짜일지도 모른다.

"덩치 큰 공룡들이 얼마나 느린지 알아? 공룡들의 신경계에 대해 정확하게 알려지진 않았어. 하지만 오늘날 동물의 신경계로 따져 본다면 그렇게 큰 몸에 감각이 전해지고 반응이 나오려면 시간이 한참 걸려."

난 브라키오를 떠올리며 고개를 가로저었다.

"설마……."

"신경 섬유의 굵기나 종류에 따라 다를 수도 있지만, 일반적으로 보면 몸길이가 20m인 공룡의 경우에는 뇌에서 운동 신호를 보내서 몸 끝까지 전해지는 데 0.1초가 걸려. 아픔을 느끼는 건 1.7초가 걸리고. 누가 꼬리를 밟으면 1.7초가 지난 뒤 아프다고 말하는 거야, 히히."

신통해는 이번에도 신이 나서 떠들어 댔다. 시간 계산까지 해서 말하는 통에 난 그 말들을 무턱대고 반박할 수가 없었다. 어쨌든 그렇게 난 공룡 멸종의 비밀을 밝히는 두 번째 열쇠를 손에 넣은 셈이 되었다.

나는 뒷마당에서 다시 브라키오가 나타나기를 기다렸다. 할 말이 많은 상태에서 누군가를 기다리는 것은 참 지루한 일이다. 드디어 브라키오가 나타났다.

"브라키오, 내가 두 번째 이유를 알아 왔어!"

"아, 그래?"

"신통해가 그러는데 공룡들은 심심해서 죽었대!"

난 신이 나서 말했지만 브라키오의 반응은 기대와 달랐다.

"이건 또 뭔 뚱딴지같은 소리야?"

"네가 전에 그랬잖아. 공룡들은 대부분 먹이를 먹으며 하루를 보낸다고. 하루 이틀도 아니고 평생 그렇게 살면 지루하지 않을까?"

브라키오는 강한 부정의 눈길을 보였다.

"내가 설명하는 것보다 직접 쥐라기로 가서 확인하는 게 빠르겠어. 넌 도대체 무슨 말을 듣고 다니는 거니?"

브라키오는 어서 가자고 고갯짓을 했다. 우리는 다시 함께 시간 여행을 떠났다.

"휘잉, 휘이잉!"

어디선가 바람을 가르는 소리가 들려왔다. 그 소리는 너무 매섭고 세차서 온몸에 소름이 돋을 정도였다. 우리가 도착한 곳은 어느 울창한 숲이었다. 나와 브라키오는 살금살금 몸을 움직여서 소리가 나는 쪽으로 가 보았다.

"어, 저건 뭐지?"

브라키오는 놀란 나에게 소곤소곤 설명을 해 주었다.

"왼쪽에 있는 건 디플로도쿠스야. 나처럼 몸이 커다란 초식 공룡이지. 오른쪽에 있는 공룡은 알로사우루스로, 사나운 육식 공룡이야."

"그럼 지금 알로사우루스가 디플로도쿠스를 잡아먹으려는 거네?"

브라키오와 나는 숨을 죽이고 그 장면을 지켜보았다. 두 공룡의 결투로 숲속에는 긴장감이 돌았다. 디플로도쿠스는 길고 채찍 같은 꼬리를 세차게 흔들며 알로사우루스가 가까이 오지 못하게 했다. 긴 꼬리는 바람을 가르며 휙휙 움직여 한 번이라도 몸에 맞는다면 살갗이 찢겨 나갈 것 같았다. 하지만 알로사우루스는 날카로운 이빨과 발톱을 드러낸 채 여전히 공격 자세를 취하고 있었다. 알로사우루스의 이빨은 한눈에 보기에도 수십 개가 넘었고, 하나같이 날카로운 단검처럼 뾰족했다. 그 이빨에 물린다면 어느 누구도 살아남기 힘들어 보였다. 또한 길고 날카로운 앞 발톱은 또 다른 무기를 손에 들고 있는 것과 마찬가지였다. 다양한 무기를 갖춘 알로사우루스에게 디플로도쿠스의 긴 꼬리는 공격을 막는 방어 수단일 뿐이었다.

내가 떨리는 목소리로 물었다.

"브라키오, 누가 이길까?"

브라키오는 두 공룡에게서 눈을 떼지 않은 채 대답했다.

"글쎄, 누군지 알 수 없지만 승자는 분명히 있겠지."

그 말을 들으니 더욱 긴장이 되어 더 이상 싸움을 지켜볼 수가 없었다. 난 눈을 질끈 감아 버렸다.

"용아, 저기 좀 봐!"

잠시 뒤, 브라키오가 나를 흔들었다. 눈을 떠 보니 이번에는 다른 공룡

들이 눈앞에 있었다. 내가 눈을 감은 사이 다시 시간 여행을 떠나 백악기에 온 것이다.

난 어리둥절해서 물었다.

"어, 이건 또 뭐야?"

브라키오가 담담한 목소리로 말했다.

"티라노사우루스가 유오플로케팔루스를 공격하고 있어."

티라노사우루스는 알겠는데 유오…… 뭐? 공룡 이름은 참 길고도 어렵다. 브라키오가 친절하게 설명해 주었다.

"유오플로케팔루스. 갑옷 공룡이라고 생각하면 돼."

브라키오의 친절한 목소리와 달리 두 공룡의 상황은 전혀 친절한 상태가 아니었다. 티라노사우루스는 잘 알려진 대로 무서운 사냥꾼이라서 유오플로케팔루스는 금방이라도 잡아먹힐 듯 보였다. 난 너무 무서워 오금이 저려 왔다. 그때 유오플로케팔루스가 갑자기 바닥에 바짝 엎드렸다.

"어, 왜 저러는 거야? 항복하는 거야?"

"글쎄, 좀 더 지켜보자."

유오플로케팔루스는 아예 눈까지 감아 버렸다. 이대로 '날 잡아 잡쉬' 하는 것처럼 말이다. 난 그 모습이 너무 안타까워 눈물이 나려고 했다.

"어떡해, 이대로 포기하나 봐. 불쌍한 유오플로케팔루스."

"용아, 진정하고 잘 봐. 유오플로케팔루스는 포기한 게 아니야."

티라노사우루스는 엎드려 있는 유오플로케팔루스에게 선뜻 다가가지 못하고 주위를 뱅뱅 돌기 시작했다.

유오플로케팔루스는 땅에 바짝 엎드렸지만 여전히 꼬리를 이리저리 흔들고 있었다. 티라노사우루스는 그 꼬리를 피해 유오플로케팔루스를 공격하려 했지만 마땅히 공격할 곳을 찾지 못했다.

브라키오가 걱정스러운 목소리로 말했다.

"이 상황에서 티라노사우루스가 유오플로케팔루스를 잡을 수 있는 방법은 몸을 뒤집는 것뿐이야."

"몸을 뒤집는다고?"

"잘 봐. 유오플로케팔루스의 몸은 갑옷처럼 단단한 판으로 덮여 있어. 눈꺼풀까지 뼈처럼 딱딱해서 티라노사우루스의 이빨이 쉽게 뚫을 수 없지. 유오플로케팔루스의 몸에서 부드러운 곳은 배뿐이야. 그러니 티라노사우루스가 유오플로케팔루스를 잡으려면 몸을 뒤집어서 배를 물어야 하지 않겠어?"

듣고 보니 정말 그랬다. 유오플로케팔루스는 나름대로 육식 공룡의 공격을 막아 내는 방법을 갖고 있었던 거다. 그렇다면 육식 공룡들도 먹이 구하는 일이 정말 쉽지 않을 것 같았다. 천하의 티라노사우루스지만 저렇게 완벽한 방어에는 별다른 공격 방법이 없어 보였다. 공룡들의 세계는 심심할 틈 없이 서로 쫓고 쫓기는 곳이란 생각이 들었다. 너무 긴장하고 있었던 탓일까? 갑자기 오줌이 마려웠다.

"브라키오, 나 좀 내려 줘. 갑자기 볼일이 급해졌어."

"볼일? 아, 그거."

브라키오는 이제 인간의 말을 이해한다는 듯 몸을 숙여 나를 땅에 내려 주었다. 난 풀숲에 들어가 볼일을 보았다.

"아, 시원해. 동물들은 오줌을 싸서 영역 표시를 한다는데, 나도 공룡 시대에 내 영역을 표시했군."

볼일을 보고 나니 몸도 마음도 한결 가벼워졌다. 그런데 옆에서 나뭇잎 스치는 소리와 거친 숨소리가 기분 나쁘게 들려왔다. 난 천천히 고개를 돌렸다.

"아악! 엄마야!"

난 비명을 지르며 있는 힘껏 뛰었다. 나를 보고 있었던 것은 바로 티라노사우루스였다! 비록 아직 다 자라지 않은 새끼 티라노사우루스였지만 그 녀석에게도 날카로운 이빨과 발톱은 있었다. 녀석은 낯선 먹잇감을 한동안 가만히 지켜보고 있었던 것이다. 내가 갑자기 도망치자 티라노사우루스는 있는 대로 고개를 뺀 채 나를 물려고 뒤쫓아 왔다.

"휘익!"

"아악! 안 돼!"

녀석이 내 머리를 물려다 머리카락만 살짝 물고 말았다. 머리카락이 한 무더기는 뽑혀 나간 것 같았다. 내가 기절하지 않고 뛰고 있다는 것이 놀라울 뿐이었다. 너무너무 무서웠다. 이번에는 발톱이었다. 녀석은 발톱으로 나를 찍어 버리겠다는 듯이 앞발을 쭉 뻗었다. 나는 재빨리 나뭇가지 아래로 몸을 숙이며 피했다. 녀석의 앞 발톱에 걸린 나뭇가지가 순식간에 찢겨 나갔다.

"아악, 살려 줘!"
 나는 나뭇가지에서 빠져나와 있는 힘껏 달리고 또 달렸다. 그러다 그만 돌부리에 걸려 넘어지고 말았다. 내가 넘어지자 뛰어오던 티라노사우루스도 내 앞에 멈춰 섰다. 녀석도 힘들었는지 나를 보며 숨을 거칠게 헐떡였다.
 "헥헥, 헥헥."
 티라노사우루스의 숨소리가 점점 가깝게 들려왔다.
 '아, 이대로 티라노사우루스에게 잡아먹히고 마는 걸까?'
 난 눈을 질끈 감았다.

유오플로케팔루스

공룡이 궁금해!

티라노사우루스가 죽은 동물을 먹는 공룡이었다고 주장하는 과학자도 있지만, 녀석이 가진 사냥 무기들을 본다면 그 말에 쉽게 동의할 수는 없어. 티라노사우루스를 비롯한 육식 공룡들은 저마다 놀라운 사냥 무기를 가지고 있었거든. 먹이를 찾아내는 눈과 뛰어난 달리기 실력, 뾰족한 이빨과 놀라운 힘을 가진 턱, 날카로운 발톱까지. 육식 공룡의 무기는 보기만 해도 위협적이었어. 이런 무기를 가지고 왜 죽은 동물만 먹었겠어?

먹이를 찾고 쫓아라!

동물의 눈을 잘 살펴보면 육식 동물의 눈은 앞을 향해 있는데 초식 동물의 눈은 양옆에 달려 있어. 그래서 초식 동물은 더 넓은 공간을 한꺼번에 볼 수 있지. 대신 눈의 초점을 맞추기가 어려워서 사물의 거리를 쉽게 가늠하지 못해. 육식 동물이 나타나는 걸 잘 살필 수 있지만, 어느 정도 가까이에 있는지는 제대로 알지 못하는 거야. 반대로 육식 동물은 눈이 앞쪽으로 몰려 있어서 초점 맞추기가 쉬워. 그래서 공격할 상대가 어느 정도 위치에 있는지 잘 알고, 어느 때 공격해야 할지 판단하지.

트로오돈

눈의 위치는 공룡도 마찬가지야. 예를 들어 육식 공룡인 트로오돈은 눈이 크고, 두 눈이 모두 앞쪽을 향해 있어서 먹잇감을 잘 찾을 수 있었어. 공격할 먹잇감을 정했다면 빨리 뒤를 쫓아야 해. 먹잇감이 멀리 도망

갈리미무스

가기 전에 잡는 게 중요하지. 그래서 육식 공룡은 초식 공룡보다 날쌘 편이었어. 몸무게가 7t이나 되는 티라노사우루스는 짧은 거리는 시속 40km로 달렸고, 갈리미무스는 시속 50km로 달릴 정도로 빨랐지.

먹이를 물고 찢어라!

먹잇감에 가까이 접근했다면 이제 먹이를 이빨로 물거나 발톱으로 찔러 사냥을 마무리하는 일만 남았어. 티라노사우루스의 크고 단단한 이빨에 물린 초식 공룡은 여간해서는 벗어날 수가 없어. 티라노사우루스는 이빨도 날카롭지만 엄청난 턱 힘으로 먹잇감의 뼈가 으스러지도록 물어 버렸거든.

육식 공룡은 앞발과 뒷발에 또 다른 무기인 발톱이 달려 있었어. 발톱은 먹잇감의 배를 찢어 버릴 정도로 날카로웠지. 발톱은 사냥을 하며 더 날카롭게 갈리기도 하고, 혹시 뭉뚝해지면 나무에 갈아서 날카롭게 다듬기도 했어.

특히 데이노니쿠스에게는 특별한 발톱이 달려 있었어. 데이노니쿠스의 뒷발에 달린 발톱은 달릴 때는 땅에 닿지 않게 안으로 접혀 있다가, 먹잇감을 공격할 때는 90도 이상 회전해서 적을 공격했지. 뛰어오르며 발차기를 하는 동시에 발톱이 뻗어 나와서 먹잇감을 공격하는 거야. 정말 놀라운 사냥술이지?

데이노니쿠스

공룡 중계석

공룡 전문 리포터 용가희입니다. 저는 지금 초식 공룡이 육식 공룡의 공격을 멋지게 막아 낸 현장에 나와 있습니다. 흔히 육식 공룡은 몸에 있는 무시무시한 무기들로 초식 공룡을 잡아먹은 것으로 알려져 있습니다. 하지만 뛰어난 시력을 이용해 육식 공룡의 공격을 미리 피했고, 빨리 뛰어 도망을 친 초식 공룡도 있었습니다. 초식 공룡에게도 나름의 방어 무기들이 있었던 거예요.

먼저 갑옷을 입은 것처럼 피부가 딱딱한 초식 공룡들이 있었는데요. 안킬로사우루스, 유오플로케팔루스 등입니다. 이 공룡들 때문에 육식 공룡들의 날카로운 이빨이 많이 부서졌지요.

또한 초식 공룡의 뿔과 프릴은 육식 공룡이 보아도 으스스했습니다. 트리케라톱스는 코 위에 짧은 뿔이 하나 있고, 눈 위에 긴 뿔이 각각 달려 있었습니다. 목 뒤에는 커다란 프릴이 있어 육식 공룡이 쉽게 다가올 수 없었지요. 자, 그럼 초식 공룡과 육식 공룡의 대결을 직접 살펴볼까요?

초식 공룡의 반격

저 멀리 타르보사우루스의 모습이 보입니다. 타르보사우루스는 키가 약 5m이고, 꼬리까지 이어지는 몸길이는 12m나 됩니다. 그런데 타르보사우루스의 표정이 좋지 않아요. 배가 무척 고픈 것 같아요. 육식 공룡은 사냥을 해서 먹고 살아야 하기 때문에 먹이를 먹는 것이 일정하지 않지요. 배가 고픈 타르보사우루스가 짜증스럽게 으르렁거려요. 우아, 입을 벌리니 그 속에 어마어마한 이빨이 보입니다. 톱날처럼 생긴 이가 수십 개나 있어요.

그런데 이를 어쩌지요? 작은 언덕만 넘어가면 안킬로사우루스를 보게 될 것 같아요. 안킬로사우루스는 초식 공룡이에요. 몸길이가 5m에 이르고 온몸은 갑옷처럼 단단한 피부로 덮여 있지만, 타르보사우루스를 당해 내지는 못할 거예요.

아, 드디어 둘의 대결이 시작되었어요. 타르보사우루스가 먼저 큰 소리를 내지르며 안킬로사우루스를 위협합니다. 안킬로사우루스는 주위를 열심히 살피며 꼬리를 흔들어 대요. 안킬로사우루스의 꼬리에는 돌처럼 단단한 곤봉이 달려 있거든요. 곤봉의 무게만 30kg에 이를 정도지요. 타르보사우루스는 꼬리를 피해 안킬로사우루스의 목을 꽉 물었어요.

이런! 타르보사우루스의 이빨이 단단한 피부를 뚫지 못하고 부러지고 말았어요. 부러진 이빨은 새로 나오겠지만 자존심이 꽤 상했겠어요. 화가 난 타르보사우루스는 다시 한번 안킬로사우루스에게 덤벼듭니다. 그때 안킬로사우루스의 꼬리 곤봉이 정확하게 타르보사우루스의 다리를 강타합니다.

타르보사우루스가 철퍼덕 쓰러졌어요. 타르보사우루스는 일어나려고 애를 쓰지만 다리가 부러져서 일어설 수가 없어요. 안킬로사우루스는 유유히 그곳을 떠납니다. 넓은 벌판에 타르보사우루스만 쓰러져 있네요. 더 이상 움직이지도 못하니 그렇게 굶어 죽지 않을까 생각됩니다. 쯧쯧.

5장 공룡, 너를 보여 줘!

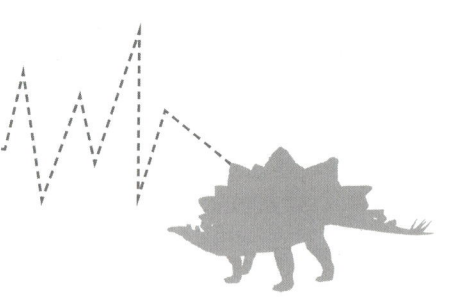

"아악, 저리 가!"
"가희야, 가희야. 괜찮아?"
"어, 엄마. 여기가 어디야?"
"무서운 꿈을 꾼 모양이구나. 괜찮아, 엄마가 옆에 있어 줄게."

난 그날 이후로 밤마다 무서운 꿈에 시달렸다. 브라키오가 재빨리 시대를 옮겨 티라노사우루스의 공격을 피할 수 있었지만, 하마터면 최초로 공룡 먹이가 된 인간이 될 뻔했다.

티라노사우루스의 서슬 퍼런 이빨을 생각하면 지금도 온몸에 소름이 돋는다. 엄살 피운다고 놀리지 마라. 겪어 보지 못한 사람은 그 두려움을 상상도 못할 것이다.

엄마가 걱정스러운 목소리로 말했다.

"몸이 허해진 모양이다. 녹용이라도 먹는 게 좋겠어."

"녹용? 그거 공룡이랑 상관 있는 거 아냐?"

엄마가 한심하다는 얼굴로 말했다.

"녹용 먹으라는데 웬 공룡 타령이야. 멸종한 공룡을 무슨 수로 먹니?"

"'용' 자 들어가는 건 무조건 싫어."

엄마는 고개를 갸웃거렸다.

"한동안 공룡 타령을 하고 다니더니 갑자기 왜 그래?"

"어쨌든 싫어. 싫다고."

나는 이불을 뒤집어쓰고 누웠다. 식은땀을 얼마나 흘렸는지 몸도 이불도 축축해져 있었다.

학교에 가서도 도무지 기운이 나지 않았다. 밤새 공룡에게 쫓기는 꿈을 꾸느라 몸과 마음이 지쳐 있었다.

짝꿍이 걱정스러운 얼굴로 물었다.

"가희야, 너 어디 아픈 거 아냐?"

"아냐, 괜찮아. 그냥 좀 피곤해서 그래."
"용가희, 오늘은 공룡에 대해서 궁금한 거 없냐?"
신통해가 잘난 척을 하고 싶은 얼굴로 내게 다가왔다.
"아니, 됐어."
오늘만큼은 그 애를 상대하고 싶지 않았다.
"덩치 큰 공룡처럼 심심해 죽겠다는 얼굴이구나. 그러다 너도 공룡처럼 멸종할라."
신통해가 기운 없는 나를 보며 이죽거렸다. 나는 그 말에 불같이 화가 났다.
"공룡이 심심해서 죽었다고? '심심해 죽겠어'란 말이 정말 죽는다는 뜻인 줄 알아? 공룡이 그렇게 한가한 줄 아니, 이 멍청아!"
나의 호통을 들은 신통해의 눈이 동그래졌다. 놀랄 만도 하다. 더위에 녹아내리는 아이스크림처럼 축 처져 있던 내가 갑자기 소리를 질렀으니 말이다. 나도 어디서 그런 힘이 나왔나 싶었다. 하지만 아무리 생각해도 너무 분했다.
신통해가 어리둥절한 얼굴로 말했다.
"왜 갑자기 화를 내고 그러냐. 내가 뭘 어쨌다고."
"공룡들의 세계는 네가 생각하는 것처럼 그렇게 간단하지가 않아. 공룡은 지구에 1억 6000만 년이나 살았어. 그 속에는 육식 공룡과 초식 공룡의 먹고 먹히는 치열한 현장이 있었다고. 초식 공룡들은 무리를 지어 다니며 육식 공룡의 공격을 막았고, 갑옷처럼 딱딱한 피부나 날카로운 뿔로 직접 육식 공룡의 공격에 맞서기도 했어. 네 말처럼 심심할 틈이 없었다고! 내가 네 말 믿었다가 죽을 뻔했단 말이야."

"알았어, 알았어. 공룡 세계에 진짜 다녀오기라도 한 것처럼 그러네."

신통해는 더 이상 떠들지 못하고 자기 자리로 돌아갔다. 나는 숨을 길게 내쉬며 마음을 가라앉혔다. 당분간 브라키오를 만날 엄두도 나지 않았다.

"용아, 용아. 나 왔어!"

창문으로 브라키오의 모습이 보였다. 나는 거실에 누워 있다가 천천히 일어나 앉았다. 예전 같았으면 반가워서 당장 뛰어갔을 테지만 지금은 그럴 맘이 들지 않았다.

브라키오가 조심스러운 목소리로 물었다.

"용아, 어디 아파?"

"아니, 나 이제 무서워졌어."

난 돌리지 않고 솔직하게 말했다. 공룡 세계로 다시 가는 것이 무섭다고 말이다. 브라키오는 이해한다는 듯이 고개를 끄덕였다. 티라노사우루스의 공격을 미리 막아 주지 못했다며 미안해했던 브라키오였다.

"용아, 네 맘 이해해. 하지만 너와 이대로 헤어지고 싶지는 않아. 너한테 꼭 보여 주고 싶은 공룡 세계가 있단 말이야. 공룡 세계는 지루하기만 하지도, 무섭기만 하지도 않아. 공룡 세계도 사람들이 사는 세상과 똑같아. 네게 사랑하는 가족과 친구가 있는 것처럼 우리도 그렇다고. 그래서 더욱 멸종한 이유를 밝혀내고 싶은 거고."

브라키오는 내가 공룡 세계를 무서워하는 것을 안타까워했다. 브라키오에게는 미안했지만, 그렇다고 선뜻 따라나설 수는 없었다.
브라키오가 부탁하듯 말했다.
"용아, 내 말을 믿어 줘. 네게 꼭 소개하고 싶은 친구들이 있어."
"알겠어."
나는 결국 다시 한번 용기를 내 보기로 했다. 딱 한 번만 더.

"안녕, 친구들!"

브라키오가 밝은 목소리로 소리쳤다. 그 소리에 거대한 공룡들이 하나둘씩 우리를 향해 고개를 돌렸다. 거대한 공룡 수십 마리가 움직이는 모습은 그것만으로도 장관이었다. 난 놀라움에 입을 다물 수가 없었다. 공룡들은 하나같이 브라키오처럼 생겨서 마치 브라키오 수십 마리를 보는 것 같았다. 그래서 두려움도 덜했다.

공룡 무리 중 한 마리가 말을 걸었다.

"네가 용이구나. 친구에게 네 이야기를 많이 들었어."

다 비슷하게 생겼다고 생각했는데 이 공룡은 어딘지 장난꾸러기 같은 느낌이 들었다. 나는 웃으며 고개를 끄덕였다. 그러자 그 공룡이 나를 향해 다가왔다.

"경치 한번 볼래?"

공룡은 내 옷을 물더니 단숨에 나를 들어 올렸다.

"꺄악!"

나는 소리를 지르며 눈을 감았다. 브라키오가 깜짝 놀라 소리쳤다.

"용아, 눈 떠! 그러다 시간 여행이 다시 시작될지도 몰라."

난 그 소리에 얼른 눈을 뜨고 앞을 보았다.
"와아!"
눈앞에 푸른 강물과 짙푸른 숲이 보였다. 마치 놀이공원에서 롤러코스터를 타는 것처럼 짜릿하고 재미있었다. 그리고 높은 곳에서 보는 쥐라기 공룡 세상은 참 평화로워 보였다. 맑은 물이 흘렀고, 뾰족한 잎을 가진 푸른 나무로 가득했다.

내가 들뜬 목소리로 말했다.
"이곳 참 멋있다. 꽃은 없지만 그래도 예뻐."
공룡은 나를 서서히 나무 위에 내려놓아 주곤 물었다.
"꽃? 그게 뭐지?"
"꽃은 향기도 나고 아주 아름답게 생긴 식물이야. 다양한 색과 모양을 가졌지."
"음, 난 지금까지 한 번도 꽃을 본 적이 없어."
브라키오가 우리의 대화를 듣고 있다가 말했다.
"쥐라기에는 아직 꽃이 존재하지 않아. 시간이 많이 흐른 뒤에 지구에 꽃이란 게 생겨났지."
브라키오는 시간 여행을 해서 그런지 다른 공룡들보다 아는 것이 많았다. 그때 멀리서 또 다른 공룡이 걸

어왔다. 그 공룡은 브라키오 무리들보다 몸집이 훨씬 작았다.

"용아, 네게 또 소개하고 싶은 친구가 있어."

브라키오가 나를 나무에서 조심스레 내려 주었다. 다가온 공룡이 반갑게 말했다.

"안녕? 네가 브라키오의 친구구나."

"혹시 넌 스테고사우루스?"

"어, 나를 어떻게 알지?"

내가 이름을 맞히자 공룡은 매우 놀라워 했다.

"스테고사우루스는 사람들에게 아주 유명한 공룡 중 하나야."

"그래?"

스테고사우루스는 어깨를 으쓱대며 좋아했다.

"특히 네 등에 있는 골판이 인상적이다. 직접 보니 더 놀라운걸?"

스테고사우루스의 등에는 골판이 늘어서 있었는데 어떤 것은 높이가 1m는 될 정도로 컸다. 스테고사우루스가 자기 몸에 대해 설명해 주기 시작했다.

"초식 공룡들은 나름의 무기를 가지고 있어. 브라키오에게 큰 몸이 있다면 내겐 이 골판과 꼬리에 달린 날카로운 뿔이 있지. 커다란 골판은 나를 위협적으로 보이게 해. 그리고 꼬리의 뿔은 적이 가까이 오지 못하게 도와주지."

"그깟 뿔 가지고 잘난 척이 심한걸?"

그때 또 다른 공룡이 나타났다. 난 조금 놀라서 브라키오에게 바짝 다가섰다.

"용아, 쟤도 내 친구야. 걱정 마."

나는 그제야 조금 마음을 놓았다.

"나는 켄트로사우루스야. 반가워, 용아."

켄트로사우루스는 온몸에 뾰족한 뿔이 가득했다. 그 모습을 보고 흠칫 놀랐지만 내 이름을 다정하게 부르며 인사하자 두려움이 싹 달아났다.

브라키오가 웃으며 켄트로사우루스를 소개했다.

"켄트로사우루스는 위대한 친구야."

칭찬인 것 같은데 켄트로사우루스의 표정이 좋지 않았다. 스테고사우루스가 낄낄대며 말했다.

"위대하다는 건 위가 아주 크다는 뜻이지. 켄트로사우루스의 배 좀 봐. 임신부처럼 불러 있어."

"네 배도 만만치 않으면서 만날 놀리기냐."

켄트로사우루스가 억울한 목소리로 말했다. 가만히 보니 학교에서 친구들이 서로 놀리며 말장난을 하듯 공룡들도 그러고 있었다. 친구들끼리 놀리며 노는 모습을 보니 공룡들이 다시 편하게 느껴졌다.

이번에는 내가 먼저 공룡 친구들에게 말을 걸었다.

"친구들, 나 부탁이 있는데 너희를 좀 만져 봐도 될까?"

"물론, 얼마든지."

스테고사우루스가 등을 내밀었다. 난 스테고사우루스의 등에 올라가 골판을 만져 보았다.

"참 딱딱하네."

"그래서 나는 절대로 간지럼을 타지 않지."

스테고사우루스의 자신 있는 목소리에 괜히 장난기가 동했다. 그래서 스테고사우루스의 목을 간지럽게 긁어 보았다. 녀석의 목은 등과는 다르게 부드러웠다.

"하하, 간지러워! 거긴 간지럽다고!"

"간지럼 안 탄다며? 잘난 척할 때는 언제고!"

우리는 그렇게 숲에서 한나절 동안 다 함께 어울려 놀았다. 정말 재미있는 시간이었다.

"용아, 이번엔 더 재미있는 친구들을 소개해 줄게."

브라키오는 나를 등에 태우고 다시 시간 여행을 떠났다. 우리가 도착한

곳은 백악기의 어느 들판이었다. 그곳은 먼지가 일어서 앞이 잘 보이지 않았다. 조금 지나자 그 먼지는 공룡 두 마리의 결투 때문에 생긴 것임을 알 수 있었다.

내가 걱정스러운 목소리로 물었다.

"브라키오, 왜들 싸우는 거지?"

"용아, 걱정 말고 구경해 봐."

브라키오는 다시 나를 안심시켰다. 난 브라키오의 말을 믿기로 했다.

머리가 위로 불룩 솟아오른 공룡 두 마리가 서로를 향해 달려들었다. 싸움의 승패는 박치기로 결정이 될 것 같았다.

"퍽!"

둔탁한 소리가 들리고 두 마리 중 한 마리가 뒤로 물러섰다. 박치기에서 진 것이다. 결투는 그렇게 끝이 났다.

"안녕, 파키케팔로사우루스!"

브라키오가 다가가 인사를 했다. 이긴 공룡은 박치기를 하고서도 끄떡없는 표정으로 브라키오를 맞았다.

"반가워. 우리의 결투를 즐기고 있었구나?"

"그래, 이번에도 네가 대장이 되었구나."

이 공룡의 이름은 '파키케팔로사우루스'로 무리의 대장을 박치기 결투로 뽑는다고 한다. 대장이 되면 짝짓기에서도 우선권이 생기기 때문에 모두들 박치기 실력을 갈고닦는단다. 난 박치기를 해 대는 파키케팔로사우루스들의 모습이 신기하고도 재미있었다. 파키케팔로사우루스의 머리도 살짝 만져 보았는데 정말 단단하고 동그랬다. 나는 용기를 내어 녀석에게 박치기도 쿵 해 보았다.

"음, 이 정도 실력이라면 우리 무리에서 가장 막내 역할을 해야 할 것 같은데."

파키케팔로사우루스는 농담도 잘했다.

그때 멀리서 오보에를 연주하는 듯한 소리가 들려왔다. 브라키오가 그 소리에 귀를 기울이며 말했다.

"파라사우롤로푸스들이 모이는 모양인데."

우리는 파키케팔로사우루스와 헤어져서 오보에 소리를 따라 숲으로 들어갔다. 그곳에는 머리 뒤쪽에 길쭉한 관 같은 것이 달린 공룡들이 모여 있었다. 공룡들은 우리처럼 오보에 소리가 나는 곳으로 모여들고 있었다. 난 그 소리의 정체가 궁금했다.
"이 오보에 소리는 뭐야?"

"그렇게 들리니? 이건 파라사우롤로푸스들이 내는 소리야. 머리에 달린 기다란 관을 이용해서 소리를 내지. 녀석들은 소리를 내서 서로의 위치와 적의 공격을 알리곤 해."

"아주 유용한 도구가 몸에 달린 셈이네."

"그렇지. 그런데 네게는 오보에 소리로 들린다니 파라사우롤로푸스는 몸 자체가 악기인 셈이네."

우리는 한동안 그곳에 서서 파라사우롤로푸스들이 만들어 내는 연주를 들었다. 저녁 해가 지는 시간에 아주 잘 어울리는 연주였다.

브라키오가 조용한 목소리로 물었다.

"용아, 공룡들이 아직도 무섭기만 하니?"

나는 가만히 고개를 흔들었다.

"아니, 너희는 정말 멋져. 나만 너희를 만날 수 있다는 게 다른 친구들에게 미안할 정도야."

우리의 이번 시간 여행은 그렇게 즐겁게 마무리되었다.

공룡이 궁금해!

공룡은 아주 오래전에 사라졌기 때문에 모든 것이 궁금하기 마련이야. 그래서 친구들이 공룡에 대해 가장 자주 하는 질문을 받고 그 답을 적어 봤어. 아랫글을 읽어 보면 공룡에 대해 더욱 많이 배울 수 있을 거야.

질문 공룡에게도 귀가 있었을까?

공룡 그림에서 뾰족한 귀를 본 적은 없을 거야. 뾰족한 뿔을 가진 공룡은 많았지만 귀를 쫑긋 세운 공룡은 없었지. 그렇다면 공룡은 귀가 없었던 걸까? 아니, 공룡도 귀가 있었어. 다만 귓바퀴가 없어서 겉으로 드러나지 않았을 뿐이지. 공룡은 파충류나 새처럼 찢어진 모양의 귀가 있었어. 그래서 파라사우롤로푸스 같은 공룡은 무리 지어 살며 소리를 통해 의사 전달을 할 수 있었지.

질문 공룡은 왜 몸이 클까?

공룡 뼈를 잘 살펴보면 답을 찾을 수 있어. 사람은 어느 정도 자라면 뼈끝에 있는 성장판이 닫혀서 더 이상 뼈가 자라지 않아. 뼈가 자라지 않으니 당연히 키가 자라는 것도 멈추지. 하지만 공룡 뼈는 사람의 뼈와 달랐어. 뼈끝이 무른 연골 상태로 되어 있어서 계속 자랄 수가 있었지.

환경적인 면에서 본다면 중생대의 따뜻한 기후로 인해 식물이 잘 자란 것도 이유가 돼. 무성한 식물들은 공룡들에게 넉넉한 먹이가 되어 주었어. 자고 일어나 식물을 뜯어 먹는 것이 하루 일의 전부일 정도였지. 그리고 이렇게 먹은 식물은 쉽게 소화가 되지

않아서 큰 위가 필요했어. 엄청난 양의 식물을 소화시키기 위해 위가 커졌는지, 위가 커서 식물을 많이 먹었는지는 무엇이 먼저라고 정확히 말할 수 없지만 말이야.

질문 공룡은 암컷과 수컷이 어떻게 다를까?

공룡의 암컷과 수컷은 뼈 구조를 통해 구분하곤 해. 암컷은 알을 낳기 때문에 수컷보다 골반이 컸지. 암컷 공룡이 수컷 공룡보다 몸집도 컸어. 이것도 알을 낳는 것과 관계가 깊어. 암컷은 짝짓기를 한 뒤 알을 낳아야 하기 때문에 많은 영양분이 필요했어. 그래서 많은 영양분을 저장할 수 있는 큰 몸집이 필요했지.

질문 공룡은 머리가 좋았을까?

공룡은 지구에 살았던 동물 가운데 가장 몸집이 커. 하지만 뇌는 몸에 비하면 아주 작았어. 몸무게가 3.3t이나 되는 스테고사우루스의 뇌는 겨우 60g 정도였어. 몸집이 비슷한 코끼리와 비교한다면 뇌의 크기가 30분의 1 정도밖에 되지 않은 거지. 머리가 좋은 편이었던 티라노사우루스도 아이큐를 따져 본다면 오늘날의 새 정도밖에 되지 않았어. 하지만 당시에는 머리가 좋고 나쁜 건 아무런 문제도 되지 않았어. 단조롭게 살아가던 초식 공룡은 머리가 나빠도 사는 데 불편할 게 없었고, 육식 공룡은 초식 공룡보다 머리가 좋아서 사냥을 할 수 있었기 때문이야.

공룡 중계석

공룡 전문 리포터 용가희입니다. 여러분은 장기 자랑 시간에 어떤 재주를 뽐내시나요? 노래? 춤? 오늘은 공룡들의 장기에 대해 알아보려고 합니다. 공룡들이 우리가 몰랐던 놀라운 재주를 가지고 있다고 하는데요. 먼저 특이한 외모를 뽐내는 공룡들을 만나 보겠습니다.

테리지노사우루스 안녕하세요, 저는 공룡들 가운데 가장 멋진 발톱을 가지고 있어요. 얼마 전 길이를 재 봤더니 자그마치 70cm나 되더라고요. 하지만 두려워하지 마세요. 전 이걸로 상대를 공격하지 않아요. 발톱은 주로 나무껍질을 벗길 때나 흰개미 집을 부술 때 쓴답니다.

카스모사우루스 전 보다시피 머리가 아주 큽니다. 머리가 이렇게 큰 건 사실 머리 위에 달린 넓적한 프릴 때문이에요. 머리가 커서 금방 고꾸라질 것 같다는 말도 자주 듣는데 튼튼한 앞다리가 버티고 있어서 끄떡없어요.

시노사우롭테릭스 제 피부는 다른 공룡들과 달리 가느다란 털로 덮여 있어요. 털은 비늘에서 진화해서 만들어졌지요. 초기 공룡에 비하면 난 꽤 진화된 공룡이랍니다.

자, 이번에는 특별한 재주를 가진 공룡들을 만나 보겠습니다.

디플로도쿠스 내가 둔해 보이나요? 그럼 몸을 조금 돌려서 보여 줄게요. 내 길고 가느다란 꼬리를 보세요. 난 몸집이 아주 크지만 날렵하게 움직이는 꼬리를 가지고 있어요. 꼬리로 채찍질을 할 수도 있지요. 이런 재주를 가진 공룡은 나뿐이랍니다.

파키케팔로사우루스 내 이름을 한글로 풀면 '두꺼운 머리를 가진 도마뱀'이에요. 내 머리뼈의 두께는 자그마치 25cm나 돼요. 그래서 세게 박치기를 해도 끄떡없어요. 뭐든 깨고 싶은 것이 있으면 가져오세요. 박치기로 금방 깨 줄게요.

바리오닉스 전 조금 특이한 사냥 기술을 가지고 있어요. 바로 물고기 잡기지요. 보통 육식 공룡은 초식 공룡을 잡아먹지만 난 물고기도 먹어요. 내 길쭉한 머리는 물의 저항을 덜 받아서 물고기 잡기에 좋아요. 게다가 콧구멍도 머리 위쪽에 있어서 물속에 머리를 들이밀고도 숨을 쉬기 편하답니다.

우아, 정말 다양한 재주들이 있군요. 여러분은 어떤 공룡의 재주가 가장 인상적이고 멋졌나요? 여러분만의 슈퍼스타 공룡을 뽑아 보세요!

6장 신통해, 공룡 시대로 가다!

신나는 점심시간이다. 지난번 여행이 끝난 뒤 악몽에 시달리면서 잃었던 식욕을 두 배로 되찾은 느낌이다. 얼마나 밥맛이 좋던지 급식을 뚝딱 먹어 치웠다.

짝꿍이 놀라서 물었다.

"가희야, 웬일이야. 너 늘 남기곤 했잖아."

"히히, 그동안 못 먹은 거 보충해야지. 기분이 좋으니 입맛도 좋네. 빨리 먹고 나가서 놀자!"

"그래, 알았어."

내가 재촉하자, 짝꿍이 남은 밥을 한꺼번에 입에 쓸어 넣었다. 그때 신통해가 공룡이 그려져 있는 책 한 권을 들고 왔다.

"용가희, 너 이 책 알아?"

짝꿍이 입에 밥을 가득 넣은 채 저리 가라는 손짓을 하며 말했다.

"너, 자난 척 하려며, 가!"

"얜 뭐라는 거야. 밥이나 먹어."

신통해는 새로 나온 공룡책이라며 설명을 늘어놓았다.

"이제 용각류 공룡들을 예전과는 다르게 그려야 할 것 같아. 지금까지 알려진 것과 다른 연구 결과가 나왔거든. 공룡의 신비를 꾸준히 풀어 나

가다 보니 이런 실수들이 발견되는 거 아니겠어?"

내가 책을 들여다보며 말했다.

"이런 공룡이 용각류구나. 그럼 브라키오도 용각류네."

"그래, 브라키오사우루스는 대표적인 용각류 공룡이지."

"이 그림은 잘못된 것 같아. 브라키오사우루스는 기린처럼 목을 곧게 세울 수 없어."

신통해가 깜짝 놀라며 물었다.

"어, 너 벌써 이 책 읽은 거야?"

"아니, 지금 처음 보는데."

"그런데 네가 그걸 어떻게 알아?"

신통해가 의심이 가득한 눈빛으로 나를 쳐다보았다.

"너 좀 수상해. 갑자기 공룡에 대해 물어본 것도 그렇고. 뭔가 있는 거 같아."

"있긴 뭐가 있어. 잘난 척하려다 못 하니까 심술 나냐?"

나는 위기를 넘기려고 오히려 화를 내 보았다. 하지만 신통해는 그냥 넘어가려고 들지 않았다.

"생각해 보니까 너 지난번에 '공룡 똥을 봤다'고 했어. '공룡이 그렇게 한가한 줄 아냐'며 화를 낸 적도 있지. 넌 매번 실제로 공룡을 본 것처럼 말했어. 이번에도 그렇고."

듣고 있던 짝꿍이 신통해를 면박 주었다.

"얘가 잘난 척을 못 하니까 이제 아주 말도 안 되는 소리를 지껄이네."

"우리 빨리 나가서 놀자."

나도 그 틈을 타 얼른 자리를 피하려고 했다.

또로로록!

서둘러 자리에서 일어서려다 그만 주머니에 있던 흰 돌이 굴러떨어졌다. 나는 급하게 흰 돌을 주우려다 콰당 넘어지고 말았다. 신통해가 재빨리 흰 돌을 주워 들고 말했다.

"이게 뭐라고 몸을 날리냐?"

"어서 이리 줘. 어서!"

"겨우 돌멩이 하나 가지고 너무 예민하게 구는 거

아냐? 운동장에 가면 얼마든지 또 주울 수 있을 텐데."
 나는 신통해 손에 있는 흰 돌을 낚아채듯 빼앗았다.
 "자꾸 귀찮게 굴지 마. 우리 나가서 놀 거야."
 나는 짝꿍의 손을 잡고 얼른 운동장으로 뛰어나갔다. 하지만 그 뒤에도 신통해의 의심하는 눈빛은 한동안 나를 따라다녔다.

 그날 오후, 난 뒷마당에서 브라키오를 만났다.
 "용아, 안녕?"
 브라키오가 반갑게 인사를 했다. 그러고는 바로 웃음을 터뜨렸다.
 "하하, 저 녀석 좀 봐."
 "왜? 뭐가 그렇게 웃긴데?"
 난 브라키오가 가리키는 곳을 바라보았다. 오, 마이 갓! 신통해가 우리 집 앞에 있었다. 눈은 동그랗다 못해 똥그랗다고 할 정도로 커져 있었고, 입은 목젖이 보일 정도로 벌어져 있었다. 일부러 지으려고 해도 쉽지 않을 표정이었다.
 "하하, 인간은 다 평범하다고 생각했는데 저 녀석은 정말 웃기게 생겼는걸?"
 브라키오는 쉽게 웃음을 멈추지 못했지만 난 그 모습을 보고 웃을 수가 없었다.

신통해는 나를 뒤쫓고 있었던 거다. 학교에서부터 의심을 하더니 내 비밀을 알아내려고 따라온 게 분명하다.

"브라키오, 웃고 있을 때가 아닌 것 같아. 저 녀석이 바로 신통해야."

"어? 저 애가 지금까지 공룡 멸종에 대한 엉터리 정보를 준 녀석이란 말이야?"

난 고개를 끄덕였다. 그러고는 걱정스러운 목소리로 말했다.

"저 녀석 아무래도 눈치를 챈 것 같아. 저렇게 놀란 걸 보면 우리가 만나는 순간을 보았을지도 몰라."

몇몇 사람들이 보았다는 4차원으로 통하는 길, UFO도 아마 지금처럼 순간적으로 본 모습일지도 모른다. 신통해도 그렇게 브라키오를 보았을 거다. 자신은 분명히 보았지만 아주 우연히 한순간만을 보았기 때문에 사람들에게 증명해 보일 수는 없을 것이다. 그래도 난 조심하는 게 좋겠다고 생각했다.

"브라키오, 우리 잠시 만나지 않는 게 좋겠어."

브라키오는 내 생각을 금방 이해했다. 우리의 우정이 어느새 꽤 깊어져 있었던 것이다.

"안녕, 브라키오사우루스!"

"어, 넌, 그때 그 아이?"

브라키오가 깜짝 놀라서 물었다. 눈이 쪽 째지고, 파마라도 한 듯 수북한 곱슬머리를 한 남자아이가 브라키오에게 말을 걸었다. 그 애는 여러분의 예상대로 바로 '신통해'다.

지금 하는 이야기는 얼마 전 신통해와 브라키오에게 일어난 일이다. 신통해가 나에게, 또 브라키오가 나에게 들려준 이야기를 하는 것이다.

신통해는 나를 의심의 눈초리로 보다 못해 뒤를 쫓아왔다. 그러다 내가 예상한 대로 한순간 브라키오를 보고 말았다. 내가 가진 흰 돌이 보통 돌이 아님을 깨달은 신통해는 흰 돌을 훔쳐야겠다고 생각했다. 난 흰 돌을 늘 소중하게 간직했기 때문에 수업 중에도 가끔씩 잘 있는지 살피는 버릇이 생겼다. 그날도 가방 앞주머니에 넣은 흰 돌을 틈틈이 들여다보곤 했는데 신통해는 이런 내 행동을 놓치지 않았다. 그러고는 내가 5교시 수업을 마치고 잠시 화장실에 간 사이 흰 돌을 훔쳐 갔다. 그리고 나처럼 브라키오를 만났다.

신통해는 공룡 앞에서도 자기 자랑을 술술 늘어놓았다.

"나로 말할 것 같으면 공룡 박사로 통하는 신통해야. 아는 게 얼마나 많은지 모두들 내 이름처럼 나를 신통하게 여기지."

브라키오가 떨떠름하게 말했다.

"음, 네 덕분에 그동안 나랑 용이는 괜한 헛수고를 했는걸?"

"아, 그거? 용가리, 그러니까 용가희가 무식해서 그랬을 거야. 이제는 걱정 마."

신통해는 브라키오를 달래듯 손으로 톡톡 치며 말했다. 브라키오에게는 개미만 한 손으로 말이다.

"근데 넌 어떻게 내가 보이지? 너도 흰 돌이 있는 거야?"

"아, 그거 용가희가 줬어."

신통해는 능숙하게 거짓말을 늘어놓았다. 내가 주다니 말도 안 된다.

브라키오와 내 우정이 얼마나 깊은데 신통해에게 흰 돌을 준단 말인가.

신통해가 휴대 전화를 꺼내더니 삼각대에 고정시켰다.

"브라키오사우루스, 우리 기념사진 좀 찍자. 널 만난 걸 사람들에게 증명해 보이려면 사진이 꼭 필요하거든."

신통해는 브라키오 옆에서 갖은 포즈를 다 잡았다. 브라키오는 그런 신통해가 성가셨지만 꾹 참아 주었다.

"우아, 이 정도면 텔레비전 뉴스에서 하루 종일 내 얘기가 나올 거야. 세계 여러 나라에서 나를 만나려고 찾아오겠지. 야호!"

신통해는 사진을 들여다보며 좋아했다. 그러더니 이번에는 진지한 얼굴로 말했다.

"내가 중요한 이야기를 하나 해 줄게. 공룡은 포유류에게 알을 도둑맞아서 멸종했을지도 몰라."

"알을 도둑맞았다고?"

"그래, 포유류가 공룡알을 훔쳐 먹은 거지. 그렇게 알이 모두 사라지면 공룡이 태어날 수 없는 거잖아."

브라키오와 신통해는 공룡 시대로 가서 과연 사실인지 확인해 보기로 했다. 신통해가 아니라 내가 갔어야 하는데 아직도 분하다.

"와우, 내가 공룡 시대에 오다니. 정말 어메이징한 일이야!"

"호들갑 좀 고만 떨어. 그러다가 내 목에서 떨어지면 어쩌려고 그래."

브라키오의 말에 신통해가 고개를 빼고 살짝 아래를 내려다봤다. 건물 옥상에서 아래를 내려다보는 것과 비슷한 높이였다. 신통해는 그제야 조금 차분해졌다.

브라키오와 신통해는 이윽고 작은 섬에 도착했다. 섬에는 작은 둥지 수십 개가 모여 있었다. 흙을 쌓아 올려 만든 둥지는 폭이 2m는 되어 보였다. 둥지 가운데는 움푹 파여 풀이 깔려 있고, 그 위에 공룡알이 있었다. 둥지마다 조금씩 달랐지만 많은 곳에는 25개나 있기도 했다.

브라키오가 둥지를 가리키며 말했다.

"공룡이 알을 낳고 있어."

한 공룡이 둥지에 알을 하나씩 낳고 있었다. 신통해는 공룡알을 좀 더 가까이 가서 보기로 했다.

"생각보다 크지 않은걸?"

"공룡이 크다고 알까지 크면 공룡은 알을 제대로 품을 수 없고, 새끼 공룡이 알을 깨고 나오기도 쉽지 않을 거야. 나도 지금은 이렇게 크지만 알 속에 있을 때는 그리 크지 않았지."

브라키오가 설명을 이었다.

"공룡알은 새알처럼 겉이 매끈하지 않아. 당시에는 공기 속에 이산화탄소가 많아서 숨을 쉬기 위한 숨구멍이 더 많이 필요했지. 공룡알은 표면이 울룩불룩했는데, 파인 곳에 공기구멍이 있었어. 그래서 숨이 막히지 않고 잘 부화될 수 있었지."

신통해는 너무 신기해서 이곳저곳을 정신없이 둘러보았다.

"여긴 마치 공룡이 알을 낳기 위해 만들어 둔 장소 같아."

"그래, 여기는 마이아사우라의 둥지가 있는 곳이야. 마이아사우라는 이곳에 모여 알을 낳아 새끼를 키워."

"정말 대단해. 서로의 둥지를 보호하기 위해 둥지마다 일정한 간격을 두었어. 이렇게 섬에 알을 낳으면 적의 공격을 어느 정도는 막을 수 있을 거야. 그렇지?"

"그래, 공룡들은 네가 생각하는 것보다 자기 새끼를 낳고 키우기 위해 많은 노력을 했어."

마이아사우라는 알을 정성스레 돌볼 뿐 아니라 알에서 깨어난 새끼 공룡들에게 먹이를 찾아 먹여 주기도 했다. 엄마가 아기를 돌보는 모습과 다르지 않았다.

"갓 태어난 새끼 공룡인가 봐. 겨우 서 있네."

"그래. 막 태어난 마이아사우라는 30cm 정도밖에 안 돼. 하지만 어미가 몇 주 동안 잘 돌보면 금방 네 키보다 커지지."

삼척동자 신통해였지만 어미가 새끼를 돌보는 모습을 보고는 꽤 감동

받았다.

브라키오와 신통해는 이번에는 다른 공룡의 둥지로 가 보았다. 그 둥지는 땅에 홈을 파서 둥글게 꾸며져 있었다.

"여기는 트로오돈의 둥지야."

트로오돈의 둥지에는 알 20여 개가 쌓여 있었다. 그때 알을 노리는 작은 동물이 보였다. 그 동물은 둥지 가까이 슬금슬금 오더니 알을 훔치기 시작했다. 그러는 중에 알을 밟아 깨뜨리기도 했다.

"저런, 소중한 알들이 깨지잖아!"

신통해가 안타까운 목소리로 외쳤다. 그 소리에 작은 동물은 줄행랑을 쳤다. 브라키오가 그 모습을 가만히 지켜보며 말했다.

"알과 어린 새끼들은 누구에게든 만만한 먹잇감이야. 그래서 육식 공룡은 물론이고 다른 동물들도 공룡의 알과 새끼를 노리지. 지금 도망간 건 백악기에 살던 작은 포유류야. 네 말대로 포유류들은 공룡알을 훔쳐 먹기도 했어. 하지만 공룡들도 포유류가 그러는 걸 구경만 하지는 않았어. 마이아사우라처럼 알과 새끼를 끔찍하게 돌본 공룡도 있었거든."

신통해가 고개를 끄덕이며 말했다.

"정말 대단하다."

"그런데 말이야. 저 포유류를 보니 포유류들은 남의 것을 정말로 잘 훔치는 것 같구나."

브라키오의 말을 들은 신통해의 얼굴이 이글이글 떠오르는 아침 해처럼 빨개졌다. 공룡알을 훔치는 작은 포유류의 모습과 흰 돌을 훔치던 자신의 모습이 다르지 않다고 느낀 것이다.

집으로 돌아온 신통해는 조금 울적한 마음으로 사진을 다시 보았다. 사진 속에 브라키오의 흔적은 어디에도 남아 있지 않았다. 섰다, 앉았다, 웃었다, 입을 벌렸다, 만세를 불렀다 혼자서 쇼를 하는 신통해의 모습만 남아 있을 뿐이었다.

공룡이 궁금해!

중생대에 공룡만 살았던 건 아니야. 작은 포유류도 있었고, 하늘을 나는 익룡과 시조새, 바다를 누비는 해양 파충류도 있었지. 공룡만큼 흥미로운 중생대 동물들을 만나 볼까?

익룡

하늘을 날았던 파충류, 익룡

익룡이 하늘을 나는 공룡이냐고? 아니, 익룡은 하늘을 날 수 있었던 특이한 파충류로 이해하면 돼. 익룡은 긴 목과 짧은 몸, 긴 뒷다리와 날개로 진화한 앞발을 가지고 있었어. 새처럼 하늘을 날기 좋은 가슴 근육은 없었지만, 새처럼 뼈 속이 비어 있어서 몸이 가벼웠지. 또한 날개가 얇고 촘촘한 피부막으로 이루어져 있어서 하늘을 잘 날 수 있었어. 그럼 익룡이 나중에 진화해서 새가 되었느냐고? 아니, 익룡은 공룡이 등장했을 때 나타나서 공룡이 사라지면서 함께 사라져 버렸어.

바다를 지배한 해양 파충류

중생대 바다에는 공룡과 닮은 해양 파충류들이 살고 있었어. 해양 파충류에는 물고기를 닮은 어룡, 노토사우루스와 에라스모사우루스처럼 작은 머리에 긴 몸을 가진 수장룡 등이 있었지. 해양 파충류들은 대부분 공룡과 골

반 모양이 달라서 공룡과 뚜렷하게 구분이 되었어. 물속에서 살다 보니 발도 물갈퀴가 달려 있거나, 지느러미 모양으로 변해 있었고. 해양 파충류들은 바다의 풍부한 먹이를 먹으며 번성했던 것으로 보여.

시조새, 새인가 공룡인가?

시조새는 이빨이 있고, 긴 꼬리가 있어서 공룡의 특징과 새의 특징이 모두 존재했어. 과학자들은 시조새를 새로 볼지, 공룡으로 볼지 고민했지. 그래서 얻은 결론은 시조새는 공룡이 새로 진화하는 중간 단계의 동물이라는 거야.

시조새에게는 새처럼 깃털이 있어. 하지만 새가 날갯짓을 하는 데 필요한 가슴 근육은 없었지. 시조새는 아마 오늘날의 새처럼 날지는 못했을 거야.

시조새

중생대에 살았던 포유류

중생대에는 초기 포유류도 등장했어. 쥐처럼 생긴 메가조스트로돈이 그중 하나였지. 하지만 포유류는 공룡처럼 쉽게 늘어나지 못했어. 그 당시 포유류들은 오늘날의 쥐나 다람쥐처럼 작았기 때문에 공룡의 먹이가 되기도 했고, 공룡알을 훔쳐 먹기도 했어. 중생대에는 작은 악어나 개구리, 거북, 물고기, 도마뱀 같은 동물들도 살고 있었지.

메가조스트로돈

공룡 중계석

　　　　　　　공룡 전문 리포터 용가희입니다. 이번에는 오비랍토르의 화석을 발견하고 연구한 과정을 살펴보겠습니다. 오비랍토르의 화석이 처음 발견되어 관심을 끈 것은 1920년대였습니다. 발견 장소는 몽골 고비 사막의 백악기 지층으로 많은 공룡 화석이 발견된 곳입니다. 그곳에서 발굴 작업을 벌이던 과학자들은 공룡알과 둥지를 발견했는데, 그 주위에서 오비랍토르의 화석도 발견하였습니다. 과학자들은 수각류 육식 공룡이었던 오비랍토르가 남의 알을 훔치다가 죽은 것으로 여겼습니다. '오비랍토르'라는 이름도 '알 도둑'이라는 뜻이지요. 그런데 1990년대에 발견된 오비랍토르 화석에서 조금 다른 정보를 알아냈다고 합니다.

누명을 벗은 오비랍토르

　　오비랍토르가 마치 공룡알을 품고 있는 듯한 모습의 화석이 발견되었습니다. 오비랍토르는 처음 화석이 발견되었을 때 프로토케라톱스의 알로 추정되는 공룡알과 함께 발견되어 이 공룡알을 훔쳐 먹는 도둑으로 알려져 있었는데요, 이번에 발견된 화석에서는 조금 다른 모습이어서 모두들 의아해했습니다.

　　이런 경우 알 화석에서 태아 화석을 발견하면 그 궁금증은 쉽게 풀립니다. 알이 어느 공룡의 것이냐에 따라 상황이 달라지니까요. 그런데 알 화석에 태아의 화석이 있는 경우는 매우 드물고, 알 화석에서 태아 화석을 찾아내는 것 또한 어려운 일이라고 합니다. 하지만 과학자들은 포기하지 않았습니다.

　　드디어 한 둥지에서 태아 화석을 발견하였습니다. 그 결과 알은 오비랍토르의 것으로 밝혀졌습니다. 오비랍토르는 알을 훔치기 위해 둥지에 온 것이 아니라 자기 알을 품고 있었던 것입니다! 몇몇 공룡들은 알과 새끼를 끔찍하게 위했던 것으로 알려졌습니다. 오비랍토르 역시 알이 잘 부화될 수 있도록 둥지에서 알을 품고 있었던 것입니다. 얄미운 알 도둑으로 알려졌던 오비랍토르가 실제로는 새끼를 돌보는 다정한 어미였던 거지요.

　그러면 이제 이름도 바꾸어야 하는 게 아닐까요? 하지만 과학자들은 혼란을 일으킬 수 있다며 이름은 그대로 두기로 했습니다. 오비랍토르는 누명을 벗는 선에서 만족해야 할 것 같습니다.

7장 지구에 일어난 거대한 충돌

다음 날, 신통해가 조용히 나를 찾아왔다. 늘 요란스럽게 떠들던 모습과는 많이 달랐다. 신통해의 손에는 흰 돌이 들려 있었다.

"너, 그거?"

"미안해, 내가 훔쳐 갔었어. 많이 찾았지?"

신통해는 잔뜩 풀이 죽어 있었다. 그런 신통해에게 나는 더 이상 화를 낼 수가 없었다.

나는 말없이 흰 돌을 받아 두 손으로 꼭 쥐어 보았다. 흰 돌을 잃어버리고 너무나 애를 태웠기 때문이다.

"네가 왜 공룡 멸종에 대해 궁금해하는지 알았어. 하지만 누구에게도 브라키오 이야기는 하지 않을 거야. 그건 브라키오를, 아니 공룡을 두 번 멸종시키는 일일 테니까."

신통해는 어느 때보다 진지한 모습으로 말을 이었다.

"많은 사람들이 생각하는 공룡 멸종 이유는 운석 충돌설이야. 우주에서 날아온 운석이 지구와 충돌해서 공룡이 멸종했다고 여기지. 지금으로부터 6550만 년 전쯤일 거야."

나는 신통해의 얼굴을 가만히 들여다보았다.

"믿지 않아도 좋아. 하지만 나도 너 못지않게 공룡의 멸종을 아쉬워한다는 것만 알아줘. 나도 브라키오랑 친구가 되고 싶었다고."

신통해의 말은 진심이었다. 난 그렇게 믿었다.

"알려 줘서 고마워. 브라키오에게 그렇게 말해 줄게."

나와 브라키오는 과연 공룡이 멸종한 진짜 이유를 알아낼 수 있을까? 그리고 그 멸종을 막을 수 있을까?

브라키오와 나는 신통해의 말을 따라 백악기 공룡 세계로 갔다. 이번에는 예전에 왔을 때와 환경이 많이 달라져 있었다. 무성하던 소철 나무와 고사리가 줄었고, 꽃이 피는 나무들이 숲의 많은 부분을 차지하고 있었다. 그리고 예전처럼 날씨가 따뜻하지도 않았다. 한데 붙어 있던 지구의 땅덩어리가 여러 조각으로 나뉘면서 날씨까지 많이 달라졌다고 한다. 왠지 으스스한 느낌까지 들었다.

나는 브라키오에게 바싹 다가가며 말했다.

"브라키오, 느낌이 이상해."

브라키오의 몸에서도 떨림이 느껴졌다.

"그래, 뭔가 다른 느낌이 있어. 무엇 때문인지는 잘 모르겠어."

공룡들은 어디로 갔는지 한 마리도 보이지 않았다. 브라키오의 큰 키로 둘러보아도 찾을 수가 없었다.

"모두 어디로 간 걸까?"

"용아, 저기를 봐!"

브라키오가 급히 하늘을 가리켰다. 저 멀리 하늘에서 무언가가 떨어지고 있었다.

"전에 하늘에서 떨어지는 별똥별을 본 적이 있어."

브라키오가 불안한 표정으로 말했다.

"별똥별처럼 낭만적인 것은 아닌 듯해."

나도 낭만적인 일은 아닐 거란 생각이 들었다. 으스스한 지구에 또 다른 으스스한 일이 벌어지고 있는 것이 분명했다. 아니나 다를까, 곧 하늘에서 괴물체가 떨어지더니 귀를 찢는 굉음이 들렸다.

지구와 괴물체의 충돌은 꽤 멀리에서 벌어졌지만 그 충격은 우리가 있는 곳까지 고스란히 전해져 왔다. 땅이 흔들리고 갈라지기 시작했다. 나와 브라키오는 어디로 피해야 할지 몰랐다. 하지만 어디로든 도망을 가야 했다.

그때 어디에 숨어 있다 나왔는지 숲에서 수많은 공룡들이 뛰어나왔다. 우리는 그 공룡들 무리에 끼어 함께 뛰었다. 얼마나 급하게 움직였는지 어린 공룡들은 큰 공룡들을 따라갈 수가 없었다. 심지어 어떤 새끼 공룡은 큰 공룡의 발에 차여 넘어지고 말았다. 하지만 새끼 공룡이 일어나기를 기다릴 여유가 없었다. 공룡들은 새끼 공룡을 밟고 정신없이 달릴 뿐이었다.

내가 다급하게 소리쳤다.

"이를 어째, 새끼 공룡이 위험해!"

브라키오가 쓰러진 새끼 공룡을 얼른 일으켜 세웠다. 덩치 큰 브라키오마저 뒤에서 달려오는 공룡들 때문에 금방이라도 넘어질 듯 위험해 보였다. 조금이라도 한눈을 팔았다간 누구든 발에 밟힐 수 있는 아찔한 상황이었다.

우리는 앞만 보고 열심히 달렸다. 그때 흔들리던 땅이 조금씩 갈라지기 시작했다.

"멈춰!"

내가 있는 힘껏 소리쳤지만 많은 공룡들이 달리던 속도를 미처 줄이지 못하고 갈라진 땅 틈으로 떨어졌다. 브라키오는 떨어지려는 새끼 공룡 한 마리를 겨우 입으로 물었다. 공룡은 브라키오의 입에 위태롭게 대롱대롱 매달려 있었다. 갈라진 틈 아래로 보이는 붉은 용암의 뜨거운 기운이 금방이라도 둘을 집어삼킬 듯했다.

내가 뒤에서 걱정스러운 목소리로 외쳤다.

"브라키오, 너까지 위험해!"

하지만 브라키오는 끝까지 포기하지 않고 결국 새끼 공룡을 살려 냈다. 비록 한 마리였지만 그 공룡의 목숨을 포기하지 않은 것이다.

우리는 방향을 틀어 다시 뛰었다. 어디로 가야 안전할지 누구도 알지 못했지만 뛰고 또 뛰었다. 땅이 갈라지면 갈라지지 않는 곳으로 뛰었고, 하늘에서 돌이 떨어지면 그 돌을 피해 뛰었다. 하지만 어떤 공룡은 갈라진 틈으로 떨어졌고, 어떤 공룡은 날아오는 돌을 맞고 쓰러졌다. 그렇게

도망가는 공룡 무리 앞에 또 다른 재앙이 나타났다. 바람처럼 몰려오는 거대한 물줄기였다. 지진과 화산으로 큰 해일이 일어 브라키오의 키를 훨씬 넘는 파도가 육지를 덮쳐 오고 있었던 것이다. 공룡들은 다시 파도를 피해 이리저리 뛰기 시작했다. 나와 브라키오도 뛰었다. 거대한 물줄기가 입을 벌리고 우리를 잡아먹을 듯이 다가왔다. 그리고 한 무리의 공룡을 순식간에 쓸어 갔다. 공룡들은 발버둥 쳤지만 한순간에 물속으로

빨려 들어가고 말았다. 그렇게 지구는 끊임없이 요동을 쳤다. 바다에는 죽은 공룡들이 둥둥 떠올랐다. 내 얼굴은 어느새 눈물로 범벅이 되어 있었다.

"엉엉, 어떡해. 공룡들을 어떻게 하면 좋아."

난 죽어 가는 공룡을 그저 바라볼 수밖에 없었다. 그건 브라키오도 마찬가지였다.

"브라키오, 이제 우리 어떻게 해야 하는 거지? 모두 죽을 것만 같아!"
브라키오가 괴로워하며 고개를 흔들었다.
"모르겠어. 아무것도, 아무것도 할 수가 없어."
요동치던 지구에 잠시 고요함이 흘렀다. 지구는 예전과는 전혀 다른 모습이었다.
"브라키오, 지구에 무슨 일이 벌어지는 걸까? 그리고 공룡들은 어떻게 되는 거지?"
브라키오는 아무 대답이 없었다.

지구에 괴물체가 떨어졌다. 신통해의 말대로 그 괴물체는 우주에서 날아온 거대한 운석이었던 것 같다. 지구에 운석이 떨어지는 경우는 수없이 많다. 하지만 운석은 대부분 대기권을 지나면서 부서지기 때문에, 실제 지구에 떨어지는 것은 작은 돌멩이만 할 뿐이다. 그런데 간혹 아주 거대한 운석이 지구에 떨어지기도 한다. 지금이 바로 그 운 없는 경우인 것이다. 게다가 운석의 충돌과 함께 지구에는 끝없는 화산 폭발이 이어졌다. 공룡들은 어디에서도 안전하게 발을 붙이고 있을 수가 없었다. 그리고 운석 충돌과 화산 폭발로 생긴 먼지가 하늘을 뒤덮어 지구에는 몇 날 며칠 동안 햇빛이 비치지 않았다.

난 몸을 잔뜩 움츠리며 말했다.
"브라키오, 여기는 지구 같지가 않아. 해도 달도 없는 암흑 세계야. 너무 추워."
브라키오도 추운지 덜덜 떨며 고통스러워했다. 곳곳에 공룡들이 쓰러져 있었다.

"브라키오, 초식 공룡들이 먹는 풀과 나무가 사라지고 있어."

"햇빛이 비치지 않으니 더 이상 나무가 자라기는 힘들겠지."

식물이 자라지 못하자 초식 공룡들은 식량이 턱없이 부족해졌다. 그래서 죽는 공룡들이 더욱 늘어났다. 초식 공룡이 죽으면서 육식 공룡도 먹이를 찾지 못해 힘들어하고 있었다. 공룡들의 앞날은 까만 하늘처럼 어두워 보였다.

공룡 세계의 참담한 모습은 나와 브라키오를 슬프게 했다. 우리는 아무 말 없이 한동안 그곳에 서 있었다. 그것밖에 할 수 있는 일이 없었다.

우르르릉 콰광!

우리가 떠나는 그 순간에도 화산 폭발은 멈추지 않고 계속되었다. 화산 폭발로 용암과 화산재가 계속 뿜어져 나올 것이고, 화산재는 땅과 하늘을 끝없이 뒤덮을 것이다. 그러면 공룡들이 살아갈 희망은 더욱 줄어들 것이다.

공룡이 궁금해!

오랫동안 지구의 주인공으로 살았던 공룡이 모두 사라지다니 지구에 이보다 희한한 일이 또 있을까? 사람들은 저마다 공룡이 왜 멸종했는지 연구하고 고민하기 시작했어. 그러다 보니 공룡 멸종에 대해 다양한 의견이 나왔지. 하지만 공룡이 어떻게 멸종되었다고 누구도 단정할 수는 없어.

변비 멸종설

중생대 초기와 중기에는 양치식물과 겉씨식물이 무성하게 자랐어. 공룡들은 당연히 이 식물들을 먹고 살았지. 그런데 중생대 말기로 접어들면서 식물에게 변화가 생겼어. 속씨식물이 등장하기 시작한 거야. 몇몇 사람들은 낯선 식물을 먹게 된 공룡들이 변비로 고생을 겪다 멸종했을 거라고 생각했지.

질병설과 외계인설

공룡의 삶이 너무 지루하고 단순해서 멸종했다고 주장하는 사람들도 있어. 심심하다고 멸종까지 될까? 황당한 주장은 이 밖에도 많아.

어떤 사람은 공룡이 외계인에 의해 멸종했다고 주장했어. 어떤 사람은 공룡이 질병에 걸려서 죽었다고 주장했지. 무서운 전염병이었다면 그럴 수도 있을 거야. 하지만 그런 무서운 병이 다른 동물에게는 영향을 주지 않았을까?

포유류들에 의한 멸종설

　어떤 사람은 포유류들이 공룡알을 모두 먹어 치우는 바람에 공룡이 멸종했다고 주장했어. 공룡이 중생대에 사라지고 포유류들이 신생대에 번성했기 때문에 이런 생각을 했겠지. 그런데 당시 포유류의 수는 공룡에 비하면 아주 적었어. 또 포유류는 공룡이 처음 등장한 트라이아스기부터 존재했는데, 갑자기 백악기 말에 와서 공룡알을 모두 먹어 치울 리는 없지 않을까?

운석 충돌과 화산 폭발에 의한 멸종설

　이 주장은 공룡 멸종의 원인으로 제기되는 의견 가운데 가장 신빙성 있게 받아들여지고 있어. 실제 그 시대에 운석이 충돌한 흔적이 남아 있고, 대단한 화산 폭발도 있었다고 해.
　멕시코 남동부에 있는 유카탄 반도 앞바다에서 지름이 수백 km나 되는 운석 구덩이가 발견되었어. 이 구덩이는 백악기 말에 지구에 운석이 떨어졌다는 증거가 되고 있지. 그리고 이즈음 인도 중앙에서 거대한 화산 폭발이 있었다고 해. 이때 흘러넘친 용암으로 데칸 고원이 만들어졌지. 이 정도의 운석 충돌과 화산 폭발이라면 엄청난 암석과 흙, 화산재가 대기권으로 올라갔을 거야. 그래서 지구를 비추는 햇빛이 가로막혀 지구는 점점 추워졌겠지. 해가 비치지 않으니 식물은 살지 못했을 거고, 초식 공룡, 육식 공룡 순으로 먹을 것이 없어 죽었을 거야.

공룡 중계석

공룡 전문 리포터 용가희입니다. 오늘은 공룡 멸종에 대해 심층 분석해 보도록 하겠습니다. 공룡 멸종은 어떻게 이루어졌을까요? 그리고 공룡은 정말 이 세상에 단 한 마리도 없는 걸까요? 여러분의 궁금증을 시원하게 풀어 드리겠습니다.

살아남은 공룡이 있다고?

그 많던 공룡은 과연 어떻게 멸종한 것일까요? 과학자들은 공룡이 멸종되었던 백악기 말의 화석을 연구하여 다음과 같은 연구 결과를 얻었습니다.

첫째, 몸무게가 50kg이 넘는 동물들은 살아남지 못했습니다. 화석 연구를 통해 몸집이 거대한 동물은 죽고, 작은 동물은 살아남은 것이 확인되었습니다. 이것은 당시 먹이 사슬이 깨졌음을 의미합니다. 많이 먹어야 살 수 있는 동물들은 먹을 것이 모자라 살아남지 못했지만, 조금만 먹어도 생명을 이어 갈 수 있는 동물은 살아남은 것입니다. 먹이가 급속도로 줄어드는 환경이었다고 볼 수 있지요.

둘째, 동물들은 같은 시기에 멸종한 것이 아닙니다. 연구 결과 동물들의 멸종 시기가 각각 다르다는 것이 밝혀졌습니다. 해양 파충류는 백악기 말 이전에 사라졌고, 공룡과 암모나이트는 백악기 말 지층에서 발견되었지요. 하지만 공룡의 수는 멸종하기 전부터 조금씩 줄어들었습니다. 공룡 수가 점점 줄어들다가 결국 멸종한 것이지요.

셋째, 공룡이 멸종되던 당시에 살았던 공룡은 안킬로사우루스, 살타사우루스, 티라노사우루스, 파키케팔로사우루스, 트리케라톱스, 테리지노사우루스 등이었습니다. 이 공룡들이 지구에 살았던 마지막 공룡들이었던 것입니다.

그럼 공룡은 정말로 한 마리도 남김없이 멸종한 것일까요? 과학자들은 공룡의 후손이 지구에 남아 있다고 이야기합니다. 바로 하늘을 나는 새들이지요. 공룡은 골반 모양에 따라 새 골반 모양을 한 '조반류'와 도마뱀 골반 모양을 한 '용반류'로 나뉩니다. 조반류는 골반뼈 중 치골이 좌골과 나란히 뒤를 향해 있고, 용반류는 치골이 앞을 향하고 있지요. 이중에서 새로 진화한 것은 조반류가 아닌 용반류였습니다. 바로 용반류에 속하는 수각류 공룡이 새의 조상인 것이지요. 모습은 많이 다르지만 공룡의 뿌리가 새로 이어졌다는 것을 생각하면서 공룡 멸종의 아쉬움을 달래야겠습니다.

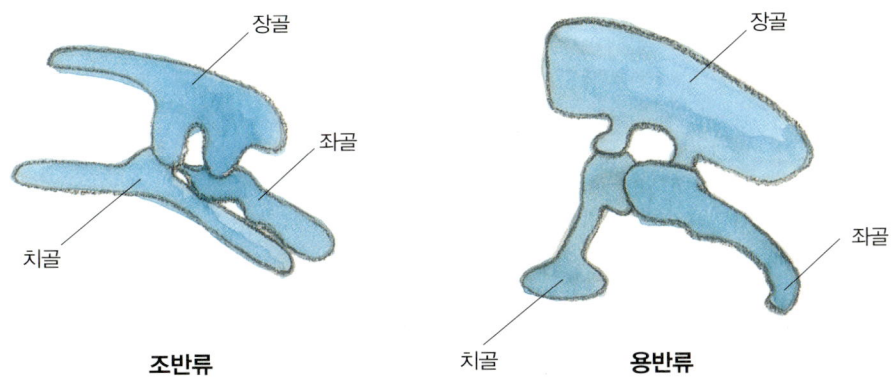

조반류 / 용반류

8장 브라키오의 소중한 충고

햇볕이 좋은 오후였다. 난 뒷마당에 앉아서 브라키오를 기다렸다. 하지만 그날 이후 브라키오는 뒷마당에 나타나지 않았다. 나는 이런저런 생각에 잠겼다.

'브라키오가 혼자서 다시 그곳으로 간 건 아닐까?'

'공룡들을 구하려다 잘못된 건 아닐까?'

난 브라키오를 걱정하며 하루도 빠지지 않고 뒷마당에서 기다렸다. 그러던 어느 날, 갑자기 등 뒤로 커다란 그림자가 드리워졌다. 마침내 브라키오가 온 것이다.

"브라키오!"

눈부신 햇빛 때문인지 브라키오가 눈을 찡그리며 나를 내려다보았다. 난 너무 반가워 팔짝팔짝 뛰었다. 브라키오를 다시 보자 하고 싶은 말이 너무 많았다.

"브라키오, 어떻게 된 거야? 너 혹시 그곳에 다시 갔던 거야? 그동안 왜 오지 않았어?"

브라키오가 차분한 목소리로 말했다.

"도대체 뭘 물어보는 거야? 한 가지씩 말해 봐."

난 숨을 길게 내쉬며 마음을 가라앉혔다. 이렇게 흥분이 되는 걸 보면

온통 브라키오 생각을 하고 있었던 모양이다. 내 마음을 아는지 모르는지 브라키오의 표정은 담담해 보였다.

"용아, 우리 이제 그만하자."

"뭘 그만하자는 거야?"

내 물음에 브라키오는 한참 뜸을 들이더니 입을 열었다.

"공룡이 왜 멸종했는지 찾아다니는 거 말이야. 난 이제 시간 여행을 그만하고 싶어."

그 말이 무엇을 의미하는지 난 알고 있었다. 우리는 공룡이 멸종한 이유를 찾기 위해 함께 시간 여행을 시작했다. 그걸 그만둔다는 것은 곧 우리의 이별이 다가왔다는 뜻일 것이다.

브라키오가 담담한 목소리로 말했다.

"공룡이 왜 멸종했는지 찾는 건 더 이상 의미가 없는 것 같아. 너도 지금까지 보아서 알겠지만 멸종은 어느 한순간만 바꾼다고 해서 막을 수 있는 게 아니었어. 너랑 내가 공룡 몇 마리 살린다고 해서 막을 수 있는 것도 아니었지."

난 아무 말 없이 고개만 끄덕였다. 공룡의 멸종을 받아들이기는 브라키오가 나보다 더 힘들었을 것이다. 난 브라키오의 다리를 가만히 끌어안았다. 다리의 반의 반의 반도 다 끌어안지 못했지만 그렇게라도 위로해 주고 싶었다.

우리는 마지막 시간을 즐겁게 마무리하기로 했다. 난 브라키오에게 인간 세상을 보여 주겠다고 말했다.

"21세기의 인간 세상이라, 그거 참 궁금한걸?"

난 브라키오를 데리고 시내로 나갔다. 브라키오는 자기 키 위로 쑥 솟아 있는 빌딩을 신기하게 바라보았다.
"우아, 공룡 시대보다 훨씬 거대한걸. 여기 서니 난 그저 새끼 공룡 같은데?"
나도 고개를 끄덕였다.
"그러고 보니 정말 그렇다. 너 아주 귀여워 보여, 헤헤."
우리는 빌딩이 빼곡히 늘어선 도심을 조심조심 빠져나와 한강변으로 갔다.

브라키오가 눈이 휘둥그레져서 물었다.

"용아, 강 위로 뻗어 있는 것들은 뭐니?"

"응, 저건 다리야. 사람이나 자동차 모두 다리 위를 지나 강을 건너지. 서울에는 저런 다리들이 많아."

"우아, 사람은 아주 작은데 거대한 다리를 만들었구나."

난 길에 있던 레미콘, 포클레인, 그리고 저 멀리 아파트 공사장에 있는 크레인을 가리키며 사람이 어떻게 큰 빌딩과 다리를 만들 수 있는지 설명해 주었다.

"21세기가 정말 대단하긴 하구나."

브라키오가 감탄할수록 난 내가 다리를 만들기라도 한 것처럼 우쭐해졌다. 강변에서 시원한 강바람을 쐬고 간 곳은 우리 동네의 나지막한 뒷산이었다.

"여기는 우리 동네에 있는 하나뿐인 산이야. 너라면 금방 오르겠지만 사람들은 이곳까지 땀을 흘리며 오르고, 이곳에서 운동도 해."

브라키오는 산을 한참 동안 이리저리 둘러보고는 말했다.

"조금 전에 보았던 빌딩이나 다리에 비하면 이 산은 너무 작고 초라해졌는걸."

난 브라키오가 무슨 말을 하는지 이해할 수 없었다. 산이 초라해지다니, 예전부터 이 산을 알고 있었다는 듯한 말투다.

"용아, 둘러보니 내가 이곳에 오래전에 왔었다는 걸 알겠다. 이 산은 그때 이렇게 작지 않았어. 나무와 풀도 훨씬 많았고, 동물들도 많이 살고 있었어. 그런데 지금은 그렇지 않아. 마치 힘을 잃은 것 같아."

"우리 할머니가 그러는데 예전에는 이 산이 아름답고 크기로 유명했대. 그래서 사람들이 산 가까이에서 살고 싶어 했대. 그때부터 이곳에 아파트며 호텔을 지었는데, 그러면서 산이 많이 깎였다고 했어."

난 할머니에게 들은 이야기를 친절하게 설명해 주었다. 브라키오가 고개를 갸웃하며 물었다.

"그럼, 여기 살던 동물들은 모두 어디로 간 거야?"

나는 브라키오의 물음에 선뜻 대답해 줄 수가 없었다.

"용아, 내가 보기에는 21세기에도 공룡이 살고 있는 것만 같아."

브라키오는 다시 알 수 없는 말을 꺼냈다. 난 브라키오를 가만히 쳐다보았다.

"난 거대한 빌딩을 보면서, 강 위에 놓인 크고 단단한 다리를 보면서 공룡을 떠올렸어. 우리도 그렇게 크고 당당했지. 하지만 우리는 지금 단 한 마리도 지구에 존재하지 않아."

브라키오는 잠시 말을 멈추고는 붉게 노을 지는 하늘을 바라보았다. 그러고는 하늘처럼 잔잔한 목소리로 말했다.

"그건 자연의 뜻이었던 것 같아."

브라키오는 나를 자기 목에 태워 주었다.

"용아, 난 네가 저 노을을 보면서 계속 행복하게 살았으면 좋겠어. 그러려면 자연을 지금보다 더 존중해 줘야 해. 지금 인간은 공룡보다 더한 힘을 뽐내고 있어. 공룡보다 더 큰 빌딩을 짓고, 넓고 깊은 강도 거뜬히 건너는 다리를 만들지. 그러면서 자연의 위대함을 잊어버리는 게 아닐까 걱정이 돼."

브라키오가 나를, 그리고 인간 세상을 얼마나 걱정하고 있는지 느낄 수 있었다. 브라키오는 다시는 지구에 어떤 멸종도 일어나지 않기를 바라는 거다.

"브라키오, 고마워."

난 소중한 충고를 해 준 브라키오에게 진심으로 인사를 했다.

"지금 세상에 일어나고 있는 몇몇 동물들의 멸종은 점점 많은 동물들에게 일어날지도 몰라. 그리고 그것이 인간만은 비껴갈 거라고 확신할 수도 없어."

난 브라키오의 말을 가슴 깊이 새겼다.

"용아, 난 이제 쥐라기로 돌아갈 거야. 그리고 이제 너무 닳아 버린 흰 돌을 숲에 뱉어 내려 해."

나도 주머니에 있던 흰 돌을 꺼내 보며 말했다.

"그래, 브라키오. 나도 이 흰 돌을 자연으로 돌려보낼래."

마침내 우리가 헤어질 시간이 왔다. 우리는 그동안 멋지게 시간 여행을 했듯이 쿨하게 헤어지기로 했다. 하지만 이것 하나만은 서로 약속하기로 했다.

나는 브라키오를 꼭 껴안으며 말했다.

"브라키오, 가끔 내 꿈속에 나타나기야."

"너도 내 꿈에 자주 와야 해."

비록 몸 크기는 수백 배 넘게 차이가 났지만, 우리는 마음만은 너무 잘 통하는 친구였다. 나는 브라키오와의 굳은 약속을 꼭 지킬 것이기 때문에 슬프지만은 않았다.

나는 브라키오에게 마지막 인사를 건넸다.

"안녕, 브라키오."

"안녕, 용아."

이렇게 우리의 만남은 끝이 났다.

만남이 있으면 헤어짐이 있기 마련이라고 어른들은 말한다. 하지만 난 반대로, 헤어짐이 있으면 만남이 있다고 말하고 싶다.

우리는 꿈에서, 혹은 지금처럼 아주 우연히 다시 만날지 모른다. 그리고 언젠가는 내가 던진 흰 돌을 누군가가 주울 것이고, 또다시 놀라운 만남을 이어 갈 것이다.

공룡이 궁금해!

공룡의 멸종을 바라보면서 우리 주변에서 멸종해 가는 동물에 대해 알아보았어. 환경 오염으로, 혹은 인간의 무분별한 사냥으로 멸종된 동물들과 멸종 위기에 놓인 동물들이 점점 늘어나고 있지.

안타까운 멸종 동물들

인간에게 발견되자마자 순식간에 멸종된 동물이 있어. 바로 스텔러바다소야. 스텔러바다소는 1741년에 처음으로 발견되어 27년 만에 모두 멸종되었어. 동물들의 평균 수명을 생각한다면, 발견된 뒤 바로 멸종되었다고 해도 될 정도지.

사람들은 순한 초식 동물인 스텔러바다소가 손쉽게 잡히자 마구잡이로 잡아들였어. 더구나 스텔러바다소는 몸길이가 약 8m에 몸무게는 5900kg이나 나가 고기와 지방을 많이 얻을 수 있었어. 그래서 사람들이 더 좋아했지.

사람들의 욕심으로 멸종한 동물은 또 있어. 큰바다쇠오리는 펭귄처럼 날지 못하는 새야. 큰바다쇠오리의 수가 조금씩 줄자, 사람들은 사라질지도 모르는 이 동물을 표본으로 만들어 박물관에 전시하려 했어. 동물의 수가 줄어들면 더 보호를 해야 할 텐데 오히려 잡아들였던 거야. 결국 큰바다쇠오리는 사람들의 어리석은 욕심 때문에 1844년에 멸종되었어.

멸종 위기에 놓인 동물들을 도와줘!

이미 멸종한 동물도 많지만 멸종 위기에 놓인 동물들도 많아. 사람들이 산업과 도시를 발전시키면서 자연을 많이 훼손했기 때문이야. 산을 깎아 길을 만들고, 도시를 만들다 보니 동물들의 살 곳이 없어지고 먹을 것이 줄어들었어.

귀여운 얼굴의 판다는 주로 대나무를 먹어. 그런데 사람들의 무리한 벌채로 대나무 숲의 면적이 줄어들어 살 곳과 먹을 것을 동시에 잃어버렸어. 또 귀엽다는 이유로 마구 잡아들여서 멸종 위기에 놓이게 되었지. 코알라도 마찬가지야. 사람들은 귀여운 동물을 가깝게 소유하려다 오히려 죽이고 있어.

　바다에도 멸종 위기에 놓인 동물은 많이 있어. 그중에서도 우리에게 친근한 느낌을 주는 고래가 위험한 상태야. 국제포경위원회는 1986년부터 고래잡이를 금지하고 있어. 하지만 몇몇 국가에서는 여전히 고래잡이를 하고 있지. 바다에 버려지는 쓰레기와 기름으로 가뜩이나 살기 힘든데 사람들이 마구 잡아들이기까지 하니 점점 줄어들 수밖에 없지. 모두들 좀 더 적극적으로 멸종 위기에 놓인 동물을 보호하자고!

우리나라의 멸종 위기 동물들

　우리나라에서는 멸종 위기에 놓인 야생 동물을 1급, 2급으로 나누어서 보호하고 있어. 1급 동물은 자연 혹은 사람에 의해 멸종 위기에 몰린 동물로 호랑이, 수달, 반달가슴곰, 사향노루 등이야. 그리고 2급 동물은 보호 가치가 높은 동물로 삵, 하늘다람쥐, 물범, 무산쇠족제비 등이지.

공룡 중계석

공룡 전문 리포터 용가희입니다. 브라키오의 충고대로 환경 오염이 계속된다면 우리 인간도 무사할 수 없을 겁니다. 벌써부터 세계 곳곳에서 환경 오염으로 인한 이상 징후가 나타나고 있는데요. 그 위험한 현장을 취재했습니다.

인간도 위험하다!

이곳은 바다입니다. 아름다운 푸른빛을 띠던 바다가 웬일인지 붉은색을 띠고 있습니다. 바다에 적조 현상이 생긴 것입니다.

'적조 현상'이란 바다에 사는 플랑크톤이 갑자기 많이 번식해서 물 색깔이 붉게 변하는 현상입니다. 축산 폐기물 같은 쓰레기가 바다에 많이 버려지면 이런 현상이 나타나지요. 물 위를 덮은 플랑크톤 때문에 산소가 잘 전해지지 않아 물고기들은 떼죽음을 당하게 됩니다.

이번엔 하늘을 한번 올려다보겠습니다. 안개가 끼지 않았는데도 공기가 뿌예서 멀리 있는 것은 도통 보이지가 않습니다. 이런 현상은 자동차 배기가스나 공장 연기 때문에 공기 중에 이산화 황과 먼지가 많기 때문입니다. 이런 공기를 마신다면 누구든 호흡기가 상할 것입니다. 캑캑!

중국으로 가 보겠습니다. 눈을 뜨기도 힘들 정도로 모래바람이 불고 있습니다. 중국의 사막화가 얼마나 심각한지 보여 주는 모습이지요. 중국뿐만 아니라 아프리카와 남아메리카, 미국 서부 등이 사막화로 골머리를 앓고 있습니다. '사막화'란 땅이 점점 사막처럼 변해서 생명이 자랄 수 없게 되는 것입니다. 산을 깎아 길을 만들고, 스키장을 만들고, 골프장을 만드는 것 모두 사막화를 부르는 행동입니다. 지금처럼 나무를 무분별하게 베어 버리면 그 땅에서는 더 이상 생명이 자라지 못하게 되는 것입니다. 특히 중국의 사막화는 해마다 우리나라에 황사 현상으로 피해를 주고 있습니다. 한 나라의 사막화가 다른 나라에도 피해를 주는 것입니다.

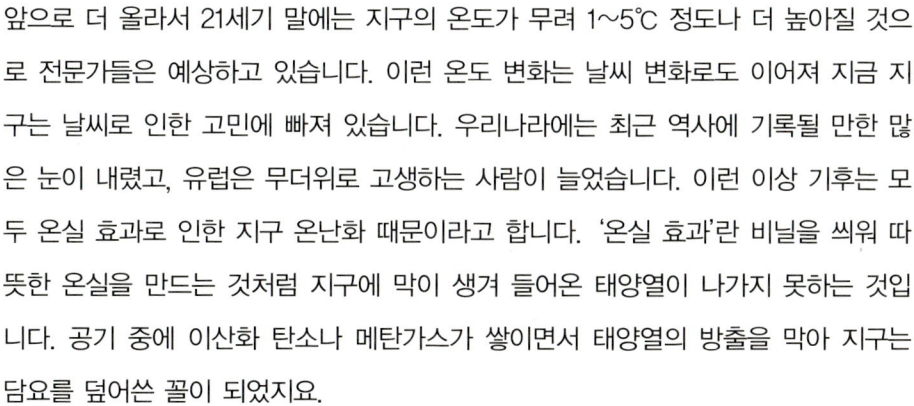

　우리나라의 평균 기온은 지난 30년 동안 1.4℃가 올랐다고 합니다. 기온은 앞으로 더 올라서 21세기 말에는 지구의 온도가 무려 1~5℃ 정도나 더 높아질 것으로 전문가들은 예상하고 있습니다. 이런 온도 변화는 날씨 변화로도 이어져 지금 지구는 날씨로 인한 고민에 빠져 있습니다. 우리나라에는 최근 역사에 기록될 만한 많은 눈이 내렸고, 유럽은 무더위로 고생하는 사람이 늘었습니다. 이런 이상 기후는 모두 온실 효과로 인한 지구 온난화 때문이라고 합니다. '온실 효과'란 비닐을 씌워 따뜻한 온실을 만드는 것처럼 지구에 막이 생겨 들어온 태양열이 나가지 못하는 것입니다. 공기 중에 이산화 탄소나 메탄가스가 쌓이면서 태양열의 방출을 막아 지구는 담요를 덮어쓴 꼴이 되었지요.

　또한 지구 온난화 때문에 바닷물 온도가 높아지면서 태풍을 불러오기도 합니다. 높은 온도의 바닷물은 태풍의 에너지원이 되기 때문에 태풍이 유난히 강해지는 것입니다. 이렇듯 지구 온난화가 불러온 이상 기후들은 환경 문제가 해결되지 않는 한 계속될 것으로 보입니다. 지금까지 용가희 리포터였습니다.